选股与风控——基金经理解密股票投资体系

张涛 唐静 著

中国商务出版社

·北京·

图书在版编目（CIP）数据

选股与风控 ：基金经理解密股票投资体系 / 张涛，
唐静著. -- 北京 ：中国商务出版社，2025. 1. -- ISBN
978-7-5103-5187-7

Ⅰ. F830.91

中国国家版本馆 CIP 数据核字第 20246QF760 号

选股与风控——基金经理解密股票投资体系

XUANGU YU FENGKONG——JIJIN JINGLI JIEMI GUPIAO TOUZI TIXI

张涛　唐静　著

出版发行：中国商务出版社有限公司

地　　址：北京市东城区安定门外大街东后巷 28 号　　邮编：100710

网　　址：http://www.cctpress.com

联系电话：010—64515150（发行部）　　010—64212247（总编室）

　　　　　010—64266119（事业部）　　010—64248236（印制部）

责任编辑：周水琴

印　　刷：武汉鑫佳捷印务有限公司

开　　本：880 米×1230 毫米　1/32

印　　张：7.25　　　　　　　字　　数：191 千字

版　　次：2025 年 1 月第 1 版　印　　次：2025 年 1 月第 1 次印刷

书　　号：ISBN 978-7-5103-5187-7

定　　价：98.00 元

作者简介

　　张涛：华中科技大学金融学学士、芝加哥投资学院进修、CIIA（注册国际投资分析师），浙江期成投资管理有限公司私募基金经理。近 20 年股票及期货投资经验，其中管理资管产品及私募产品时间长达 12 年。获得期货实战排排网 2012 年度风险控制奖、2013 年度综合实力奖、2014 年度交易奖等多项奖项荣誉。

作者简介

　　唐静：中国人民大学管理学硕士，杭州合信投资管理有限公司私募基金经理。证券／期货十年从业经历，获得 2023-11 私募排排网股票策略季军，西南证券首届私募实盘大赛混合策略组第 4 名、东吴证券"秀财杯"第 4 名、浙商证券"浙商杯"第 8 名；2024-03 私募排排网股票策略冠军。

序

　　欣闻《选股与风控——基金经理解密股票投资体系》即将出版，应作者华中科技大学校友和多年老友张涛先生、唐静女士的盛情邀请写序，我非常高兴也非常荣幸接受这个任务。

　　作为全球投资界的主要流派，价值投资在中国市场上时常遭遇质疑，尤其在股票市场低迷时期。常见的观点包括中国的市场环境不利于价值投资、上市公司质量不高、难以满足价值投资的标准、中国的经济结构和政策不确定性增加了价值投资的风险等。本人长期聚焦于中国制度背景下的公司治理与公司财务、审计等问题研究，也愿意就价值投资这一话题，与读者和业内人士一起交流与探讨。

　　本书的两位作者都是坚定的价值投资派，但他们大学毕业后并未直接从事股票投资工作，而是进入期货行业，从事期货研究及资管产品的投资管理相关工作。从业十多年后，他们离开期货行业，进入私募基金公司，从事私募基金产品的投资管理。期货与股票最大的不同在于其天然的高杠杆性，这使得期货相比股票具有更高的风险性。期货投研的经验使得两位作者对风险高度重视，也使得本书与其他价值投资类书籍有所不同，这一点从本书的书名就可以看出。全书除了第2-4章讲述价值投资相关基础知识外，其余所有章节均是从风险的角度出发，阐述风险控制的理念与技巧。

具体来看，本书的内容主要分为三大模块：价值投资及其相关概念、风险与风险控制、具体公司案例研究。

今天，价值投资已是一个耳熟能详的词，其内涵亦已被大多数投资者所熟知。利用市场先生的特性，在人人恐慌性抛售、便宜货大量出现的时刻，逆向投资，以远低于内在价值的价格买进优质股票并长期持有，以期实现长期的投资成功，这些都是价值投资的核心。然而，业内不管是有意还是无意，总是不经意间将价值投资与长期投资画等号。对于这一点，作者不以为然，这也是本书与其他价值投资类书籍的重要不同之处。本书作者认为，低估的股价回归到正常水平可能需要很长时间，因此价值投资要求投资者必须要做好长期战斗的准备，但这绝不意味着价值投资等同于长期持有。当股票价格高于其本身价值，或者当投资者初始进场时犯了估值错误，或者随着时间的推移出现新的不利因素或意外事件导致股票内在价值下降，重新评估后的股票内在价值低于其价格时，价值投资要求投资者迅速卖出，哪怕是昨天还非常看好并视其价值被低估的股票。总之，价值投资衡量的唯一标准是股票价格与其内在价值（及其增长）之间的关系，而与投资者持有股票时间的长短并无关联。

对风险的强调与阐述是本书的灵魂，本书作者将价值投资决策的过程看成是一个不断排除不愿意承担的风险，并将愿意承担的风险控制在自身可以承受的范围内的过程。这个思想可能与两位作者的期货从业经历息息相关，尤其是管理期货资管产品的经验使得他们高度重视风险控制，并将其融入股票投资的理念中。作者将股票投资风险主要分为两大类：第一类是与投资者自身相关的风险，主要是因为投资信心过于膨胀导致买进股票的价格过高或者使用了杠杆；第二类是与股票对应公司相关的风险，公司因激烈的竞争导致盈利能力下降甚至破产，或者因财务舞弊等导致公司破产，投资者将遭受巨大的损失。控制第一类风险，要求投资者坚持价值投资的理念，并严格遵守其所要求的纪律。控制第二类风险，要求投资者只下注在内在价值会长期持续增长的优质公司上。

什么样的公司才是内在价值持续增长的优质公司呢？这主要从三个方面来考察：行业空间（长坡）、竞争格局（厚雪）商业模式和核心竞争力。本书不仅系统地阐述了这方面的知识，更是用了较大的篇幅，引用实际公司案例从不同维度进行了详细的论述。

理论与实践相结合是本书的特色所在，也将本书与一般的价值投资理论类书籍区分开来。我阅读此书多遍，获益良多。我相信，无论是价值投资初学者，还是已经在价值投资路上走过多年的资深投资者，翻阅此书都会有所收获。衷心希望本书的出版能帮助到更多的价值投资者朋友们！

中央财经大学教授，博士生导师，教育部"青年长江学者"

肖土盛

目录

第 1 章
控制风险，等待收益

不可以预测，但可以准备！

投资，不可避免地要应对未来，然而没有人能够准确地预知未来，因此面临风险是投资不可避免的事情。在所有的投资方法中，价值投资是真正将风险控制放在第一位，放在投资决策过程之前的方法。价值投资的核心概念安全边际就是用来控制风险为投资容错的。价值投资决策的过程就是一个不断排除不愿意承担的风险并将愿意承担的风险控制在自身可以承受范围之内的过程。

股票投资的风险主要来自两个方面：所投资的股票以及投资者自身。股票的风险，即股票所对应的公司内在价值下降的风险，也包含两大类：第一类是来自公司外部的风险，最主要的是竞争加剧从而导致公司盈利下降或亏损，甚至长期亏损导致破产，或资产负债表不够稳健导致不能挺过经济下行周期从而破产的风险。第二类则是来自公司内部的风险，即管理层不合格的行为导致的公司盈利下降内在价值降低的风险。来自公司内部的风险是最基础也最普遍的，但它不是股票投资者所面临的最大风险。股票投资者所面临的最大风险永远都是来自他们自身，来自因贪婪、嫉妒等情感因素导致他们抛却安全边际等价值投资的原则，以过高价格买进股票的风险，以及运用杠杆导致账户爆仓的风险。

回避或控制股票投资者自身风险的方法并不难理解，那就是坚持，永远保留现金、绝不使用杠杆、与大众保持距离、要求高安全边际的价值投资的原则。然而理解归理解，坚守这些原则所带来的纪律要求却是绝大多数投资者难以做到的。同时，践行价值投资的方法，找到优质的股票并对其进行相对准确的估值也并不是一件容易的事情，而跟投资者探讨如何做到这一点，正是本书的主要目的之一。

回避来自公司内部风险的方法，主要是检查公司的财务报表与管理层的行为，将有会计欺诈等行为的公司排除在投资清单之外。回避公司破产风险的方法则是直接将经营和财务杠杆过高的行业及公司排除。而要控制公司盈利下降的风险，除了对公司盈利做保守的估算外，更重要的是，只在长坡厚雪的行业里寻找投资的机会，只投资在具有宽阔护城河、长期来看公司收入和利润会持续增长的优质公司上。如果是投资在优质公司上，不仅能控制股票内在价值下降的风险，甚至还部分减轻了买进股票价格较高的风险。因为随着时间的推移，盈利增长导致内在价值的增长会使得在买进股票时，"合理"甚至"偏高"的估值，现在看起来变得便宜甚至是严重低估，这就是巴菲特所说的"以合理价格买进一家优秀的公司，远胜过以便宜的价格买进一家平庸的公司"的意义。安全边际的含义不仅是指价格与价值之间的差异，更重要的是公司的质量。那么，什么样的公司才是具有很大上涨潜力的优质的公司呢？这主要取决于三个方面：行业空间、竞争格局、公司的经济护城河。竞争是公司利润的杀手，而护城河则保护公司在竞争之下仍具有长期持续盈利的能力，是价值投资研究的重中之重。

价值投资是一门以大幅低于内在价值的价格购买股票的实践活动。找到值得长期下注的优质公司是第一步。将股票价格与内在价值进行比较是第二步，也是始终贯穿投资过程的一步。第三步，如果优质公司的股票价格高于内在价值，当前价位买进并不是一个太好的主意，则将其加入我们的"愿望清单"，并对其进行持续的跟踪，以期待在未来某个时间段，其价格会受到不影响其长期价值的短期因素的作用而大幅下跌，从而给予我们便宜买进的机会。第四步，将价格低于其内在价值的优质公司的股票纳入我们的投资组合，并且随着其价格下跌，内在价值被低估的程度越来越高，在控制好风险的前提下持续加仓以提高其在投资组合中所占仓位的比例。之后便是耐心地等待股票价格向其内在价值回归从而实现收益，控制风险，等待收益到来就是我们的信条！价格向内在价值回归的过程可能很漫长，因此，价值投资要求我们做好长期战斗的准备。但是，价值投资并不等同于长期投资。当我们发现自己犯了错误，高估了股票的内在价值时，或者股票价格短时间内快速大幅上涨超过了其内在价值时，价值投资理念要求我们迅速平仓，而不是一味地长期持有。价值投资的核心是价格与内在价值的比较，而不是持有时间的长短。因此，价值投资第五步，卖出高估的股票，将其重新转入愿望清单，并发掘其他低估的股票。循环往复，这就是价值投资者构建及维护投资组合策略的全部。

第 2 章
价值投资

"双重安全边际"——以对内在价值有吸引力的折扣寻找优质公司，是价值投资成功的秘诀！

2.1 投资品与投机品

在区分投资者和投机者之前，我们先对投资品与投机品的概念做出区分。投资品和投机品通常都有价格波动，都可以买卖，因而似乎都可以产生投资收益。但是，它们之间有一个最根本的区别：投资品会为其持有人带来现金流，而投机品则不会。投机品持有人的回报完全来自买卖投机品的价格之间的差异。而投资品持有人的回报不仅来自买卖投资品的价格之间的差异，还有持有投资品期间收到的现金流，比如股票分红、债券利息、房屋租金等。因此像股票、债券、房地产、农场等之类的属于投资品，而一切不能带来现金流的物品，比如黄金、艺术品等则都归类于投机品。如果投资品所带来的现金流增加，则其内在价值就会随之上升，长期来看其价格最终会跟随内在价值的增加而上涨。但投机品的价格则只取决于其供需关系。

2.2 投资者与投机者

金融市场的参与者经常被划分为两类：投资者和投机者。但是两者的界限并不是那么泾渭分明。正如 20 世纪初伟大的英国金融家欧内斯特·卡塞尔（Ernest Cassel）所说："当我作为默默无闻的年轻人刚刚开始获得成功时，我被人们称作赌徒，随着我的交易范围和交易量的不断扩大，然后我以投机者之名为人所知。我的交易活动继续拓展，现在我又以银行家而闻名。其实，我被称为银行家之前所做的与之后所做的始终是同一件事。"

  尽管投资和投机之间存在某种重叠的部分，使其区分较为困难，使得金融界对它们至今没有一个确切的定义，每一个投资界的权威人士都可以根据自己的理解来对它们进行界定。但是区分投资和投机是具有重要意义的，不清楚二者之间的关系，可能给"投资者"带来巨大的损失，尤其是在以下这种情形：当一个股票参与者第一天以 10 元的价格买进了一只股票，并在第二天以 10.8 元的价格卖出时，他会洋洋自喜地吹嘘自己做了一笔成功的交易；而当 10 元买进的股票随后下跌到 9 元时，他则宣称自己是在做长期"投资"，对股价的短期波动并不关心也不在乎。以长期投资的名义掩盖自己犯下的错误，还不如明确将自己定义为在"赌"，至少这样风险意识还强一些。

  尽管我喜欢的是大投机家安德烈·科斯托拉尼（André Kostolany）给出的定义——"投机者：具有长远眼光的战略家。"但为了表述的方便，本书中我们还是采用本杰明·格雷厄姆（Benjamin Graham）对投资和投机的定义——投资业务是以深入分析为基础，确保本金的安全，并获得适当的回报；不满足这些要求的业务就是投机。格雷厄姆说，由于普通股会不断地出现大幅度的价格波动，因此，聪明的投资者会对从这种价格大幅变动中获利的可能性感兴趣。他面临着两种可能获利的方法，即择时和估价。我们所说的择时，是指努力去预知股市的行为——认为未来走势是上升时，购买或持有股票；认为未来走势是下降时，出售或停止购买股票。我们所说的估价是指尽力做到：股票报价低于其公允价值时买入，高于其公允价值时卖出。我们确信，无论采用哪一种估价方法，聪明的投资者都能得到满意的结果。我们同样确信，如果投资者以预测为基础强调择时交易，那么他最终将成为一个投机者，并面对投机所带来的财务结果。

2.3 什么是价值投资

2.3.1 内在价值和安全边际是价值投资最核心的两个概念

价值投资是一门以大幅低于当前内在价值的价格买入证券，并持有至其价格更多地反映这些价值时的学科。便宜是这一投资过程的关键，用价值投资者的话来说就是指，用 5 元买下价值 10 元的东西。

本杰明·格雷厄姆和戴维·多德（David Dodd）最初是基于金融市场的三个关键特征来定义价值投资的。

（1）金融证券的价格会受到重大且反复无常的波动的影响。格雷厄姆将在任何时刻决定证券价格的非个人因素称为"市场先生"。他每天都会出面买进和卖出任何金融资产。他是一个奇怪的家伙，容易受到各种无法预测的情绪波动的影响，这些情绪波动影响着他愿意以什么样的价格做生意。

（2）尽管金融资产的市场价格会有剧烈波动，但是其中许多金融资产具有相对稳定的基础性经济价值，勤奋且自律的投资者能够合理准确地衡量这些经济价值。换句话说，证券的内在价值是一回事，而它当前的交易价格则是另一回事。尽管价值和价格在某一天可能是相同的，但是它们常常不一样。

（3）在证券的市场价格显著低于计算所得的内在价值时买进这些证券，后期将会获得丰厚的回报。格雷厄姆将价值与价格之间的差额称为"安全边际"；理想情况下，这个差额应当达到基本价值的 1/2 左右，并且不低于 1/3。他想花 50 美分的价格购买价值 1 美元的证券，最终的收获将很大，更重要的是很安全。

也就是说从格雷厄姆和多德的定义来看，内在价值和安全边际这两个概念是价值投资的核心。

除此之外，价值投资还要求投资者具有极强的纪律和耐心，对内在价值做保守的分析，并且只在安全边际足够大的时候才买进。便宜股票的数量时多时少，任何一只股票的价格与其内在价值之间的差距可能非常大，也可能很小。有时候价值投资者可能会对大量的公司进行了深入的研究，却没有找到一只非常有吸引力的股票。但是这种纪律和坚持是必须的，巴菲特用棒球比赛对此做了阐述。一名专注的价值资者就像是一名正在参加棒球比赛的击球手，比赛中没有出现好球，也没有出现坏球，击球手对几十个，甚至几百个投球都能无动于衷，而其他的击球手会对其中许多的投球挥动球杆。价值投资者在研究比赛，他们从每个投球中进行学习，包括那些他们挥杆击球的投球和放过的投球。他们不受那些正在参加比赛的其他人的影响，只会根据自己的计算来展开行动。他们非常有耐心，愿意等待，直到他们等到自己可以击中的那个投球——一个被低估的投资机会。更棒的是，比起棒球比赛，价值投资者没有三振出局的担忧，只要不击球，就可以一直留在场上，耐心地等待更好的机会。

2.3.2 内在价值的含义

无论是股票、债券、房地产，还是其他任何投资资产，它们的内在价值都是由该资产提供给其所有者的可分配的现金流的现值决定的。因此股票的内在价值可被简单地定义为：在企业的剩余的生命周期中，能够从该企业获得的所有收益（现金流）的现值。

2.3.3 价值与成长的关系：不存在本质的区别

成长股的定义是不仅过去的业绩超过了平均水平，更重要的是预计将来的业绩也会如此。价值投资与成长投资常常被当作两个对立的概念来描述和对比，但是价值投资大师们似乎并不是这么认为的。

霍华德·马克斯（Howard Marks）：价值投资者相信当前价值高于当前价格，从而买进股票（即使它们的内在价值显示未来的增长有限）。成长型投资者相信未来价值的迅速增长足以导致价格大幅上涨，从而买进股票（即使它们的当前价值低于当前价格）。因此，真正的选择似乎并不在价值和成长之间，而在当前价值和未来价值之间。在价值型投资和成长型投资之间没有明确的界限，二者均要求我们应对未来。可以这样说，成长型投资关心未来，而价值型投资强调当前，但不可避免地要面对未来 [确定企业的当前价值是需要考虑企业未来的，继而必须考虑可能的宏观经济环境、竞争环境与技术进步等。如果公司资产被浪费在赔钱的经营或失策的收购上，那么即使大有希望的 net- net 投资（清算价值投资）也可能以失败告终]。

沃伦·巴菲特（Warren Buffett）：买入一个估值合理但快速增长的公司，比买入一个估值较低但未来没有增长的公司更好！

本杰明·格雷厄姆：成长股投资的理念在一定程度上类似于安全边际原则，又在一定程度上与该原则相抵触。成长股的购买者所依赖的预期盈利能力，要大于过去的平均盈利能力。因此，可以说，他在计算安全边际时，以预期利润取代了以往的利润。从投资理论上讲，人们没有理由认为，细心估算出的未来利润，比过去单纯的利润更缺乏指导作用。事实上，证券分析已经越来越看重有能力的分析师对未来情况所做出的评价。因此，与普通投资一样，成长股的分析方法得出的安全边际也是可靠的——只要对未来的计算是稳妥的，而且只要相对于其购买价而言存在着令人满意的安全边际。

因此，区分价值和成长的概念并不是必要的，它们之间不存在本质的区别。

2.3.4 安全边际的意义

金融界对安全边际一般的定义是指价格与价值的关系，也就是价值与价格相比被低估的程度或幅度。买入的价格低于核心价值的差额越大，安全边际就越大。

本杰明·格雷厄姆："安全边际总是依赖于所支付的价格。如果在某种价格下的安全性较大，较高价格下的安全边际就较小，价格更高时就没有了安全边际。"

沃伦·巴菲特："我们坚持在购买价格中留有安全边际。如果我们计算出的普通股价值仅略高于其价格，我们就没有兴趣购买。我们认为，本杰明·格雷厄姆强调的这一安全边际原则是投资成功的基石。"

埃德·瓦亨海姆（Ed Wachenheim）："安全边际的概念是，投资者应该以远低于其内在价值估计的价格购买证券，这样即使他的估计被证明有些乐观，他也能免受永久性损失。"

但随着市场的发展，现代价值投资者越来越多的关注企业的质量。

大卫·波伦（David Pollan）："格雷厄姆先生曾说过，'投资中最重要的三个词是安全边际、安全边际、安全边际'。这对我们来说意味着，我们要投资的是非常非常优质的公司，这些公司有很好的特许经营权，而且这些特许经营权已经有很多年了。"

托马斯·鲁索（Thomas Russo）："最好的长期安全边际不是来自投资的价格，而是来自公司在很长一段时间内持续竞争优势的价值。这就是优质投资的全部意义。"

杰夫·穆勒（Jeff Mueller）："本杰明·格雷厄姆向世界提出了安全边际的概念。我们非常利用这一点，对我们来说，安全边际就是我们投资的每项业务的质量。"

弗朗索瓦·罗尚（Francois Rochon）："安全边际不仅在于您支付的价格，还在于业务质量、业务资产负债表和会计以及高层管理人员的质量。当我们购买星座软件（constellation software）的股票时，我不记得我们支付了多少钱，但我们支付了合理的估值，我认为是 18 或 19 倍的市盈率。对我们来说，真正的安全边际是马克·伦纳德（Mark Leonard）。"

史蒂芬·曼德尔（Stephen Mandel）："当人们谈论投资的安全边际时，他们通常谈论的是金融性质的东西。他们谈论的是资产价值，或者是可持续的股本回报率之类的东西。我更关注企业特许经营的性质、可复制性以及经营者的素质。"

杰克·罗瑟（Jake Rosser）："好的商业模式提供了最终的安全边际。"

塞斯·A. 卡拉曼（Seth A. Klarman）：随着时间的推移，卓越企业能使其资本加速增长，而差的企业往往劣势加剧。"复利机器"定义是源自高质量的企业，而不是低廉的价格。

最终世界上许多最成功的投资者都采用了"双重安全边际"的概念——以对内在价值有吸引力的折扣购买优质公司。

克里斯托弗·布卢姆斯特朗（Christopher Bloomstran）："我们珍视的双重安全边际包括业务质量和合适价格。我们需要这两者来应对我们不可避免的错误和不可预见的事件。"

马克·柯宁（Mark Curnin）："对我们来说，安全边际来自企业的质量，其次是以比我们估计的内在价值低很多的价格买入。单单看一个是不足以让我们感兴趣的。"

杰弗里·乌本（Jeffrey Ubben）："我们投资策略中的安全边际是识别基本面良好的企业，并严格遵守估值纪律。"

2.3.5 价值投资者的工作及要点

投资，就是做好准备应对未来。因此投资人的任务就是：构建及调整好我们的投资组合，并希望接下来发生的事情会让我们获利。

那么，价值投资者的工作是什么？价值投资者努力利用股票"价格"和"内在价值"之间的不匹配来获利。他们希望能找到内在价值会长期增长的股票，并以低于其内在价值的价格买进，然后期待在股票价格回归甚至超过其内在价值时将其卖出。为了把这件事做成功，价值投资者需要做好以下三个方面的工作：

首先，要"准确"评估股票的内在价值。股票的内在价值现在是多少，以及随着时间的推移，内在价值将会发生什么样的变化，是增长、不变还是会下降？

其次，要评估股票当前的价格与其内在价值之间的关系。股票当前的价格与其内在价值相比较，是低估了还是高估了，低估或高估的程度如何？

最后，构建投资组合。找到价格低于其内在价值的股票，纳入股票池，根据池中股票相对其内在价值折价的幅度进行排序，并将折价幅度最大的一批股票纳入其投资组合，以期待其价格回归价值时获利。同时，实时监控投资组合及股票池中的所有股票，当发现随着价格的变动，折价幅度更大的股票出现时，通过换仓调整其投资组合——投资是相对选择的训练，一只股票的价格仅仅相当于其内在价值的五分之一，比另一只价格相当于其内在价值的二分之一的股票，显然更具吸引力，尽管后者也是非常不错的投资对象。

因此，价值投资的要点在于：

（1）不同于自上而下的投资方法，根据一种概念、主题或趋势来购买股票，不以价值为购买依据，没有安全边际的概念。价值投资者采用自下而上的方法，每次对一家公司进行单独的基本面研究。通过这种方法，价值投资者一个接一个地寻找便宜的股票，并根据实际情况分析每只股票的基本面情况。只有在影响到对股票的评估时，才会考虑自上而下的方法。使用自下而上的方法可以分辨出特定的被低估的投资机会。

（2）不同于大多数机构投资者追求相对回报的定位，目标是取得较市场、其他投资者或者较这两者都要好的表现，但并不关心是否取得了绝对的正回报还是负回报。价值投资者追求的是绝对回报而不是相对回报。同以相对回报为中心的投资者相比，价值投资者通常眼光看得更远。追求相对回报的投资者一般不愿意，也没有能力忍受相对稍微长一点时间的业绩表现不佳，因此，他们会投资当前流行的股票。如果不这么做，那么他短期内的业绩可能就会面临危险。以相对回报为中心的投资者实际上很可能会回避那些能在长期之内带来诱人的绝对回报，但短期内可能表现不佳的投资机会。而价值投资者更喜欢那些损失风险更小、被市场抛弃的证券，尽管可能需要较长的时间才能得到理想的结果。

（3）价值投资是一种风险控制方法，对会出现哪些错误（风险）给予更多关注。

2.4 低估值、长期持续增长——股票投资的完美情形

理论上，在股价低估时买入利润会长期持续较快增长的公司，是股票投资最完美的情形，可以获得超出想象的收益。低估的股价回归内在价值时将给投资者带来巨大的回报，而长期持续的利润增长，哪怕是看起来并不是特别高的增速，在长时间的复利的魔力下，最终内在价值的增幅也将超出想象。而如果股价相比内在价值是低估的，在高股利发放后将股利用于再购买公司的股票则会在前两者的基础之上再放大投资者的收益，尤其是在熊市中，因为这时公司股价是下跌的，股价低估的程度在加深，发放的同样的股利可以增加购买到更多公司的

股份。低估值、长时期持续增长的公司利润及高股利发放后用于再投资公司的股票，构成了股票投资的完美情形。而历史数据表明，实际情形确实如此。

杰里米·J. 西格尔（Jermy J. Siegel）在他的著作《投资者的未来》中统计列出了 1957—2003 年标准普尔 500 指数中幸存的最牛的 20 只股票。如果在 1957 年投资这 20 只股票中的任何一只，并在其发放股利后再投资这家公司，那么到 2003 年时，投资者相比初始本金最高的获利倍数高达 4626 倍，由菲利普·莫里斯公司（Phillip Morris Companies Inc.）创造，最小的获利倍数也有 388 倍，是由通用磨坊（General Mills）贡献的；这是同期标准普尔 500 指数获利倍数 124 倍的 3.13~37.3 倍。

毫无疑问，这些成功的公司的利润都以很快的速度增长——47 年的长时期内，以比标准普尔 500 指数的总体水平快很多的速度，复利增长。然而若以市盈率为标准进行衡量，它们的股票价格仅略高于指数中股票的平均水平，这说明投资者预期这些公司的利润增长速度只比指数的平均增速略快，而事实上这 20 家公司在 47 年的长时间里每股利润增长率高出指数平均水平将近 4%——这说明相比实际情况（内在价值），股价被低估了，这是它们能为投资者带来超越标普 500 指数的高额回报的原因。

从表 2.1 中我们也可以看出为什么是菲利普·莫里斯公司的获利倍数独占鳌头。它的市盈率在 20 家公司中只排在第 18 位，表明市场对公司利润增长率的预期比较保守，而它实际的每股利润增长率却是最高的。实际增长率与预期增长率之间的巨大差异使得这家烟草生产商为投资者带来了最高的收益率。

同时，这 20 家公司中仅有 7 家公司的市盈率低于格雷厄姆·多德要求的最高 16 倍的市盈率水平，三分之二的公司市盈率超过 16 倍，20 家公司的平均市盈率为 19.17 倍也比格雷厄姆·多德要求的最高 16 倍的市盈率水平要高。这个数据也佐证了巴菲特的话——以合理价格买进一家优秀的公司，远胜过以高的价格买进一家平庸的公司。这里的优秀的公司在长时期里给投资者带来了最大的回报。

表 2.1 美国股市 1957—2003 年 20 个最佳"幸存者"的表现

排名	2003 年公司名称	股利再投资后盈利倍数	年收益率/%	每股利润增长率/%	平均市盈率	股利率/%
1	菲利普·莫里斯公司	4626	19.75	14.75	13.13	4.07
2	雅培制药公司	1281	16.51	12.38	21.37	2.25
3	百时美施贵宝公司	1209	16.36	11.59	23.52	2.87
4	小脚趾圈公司	1090	16.11	10.44	16.8	2.44
5	辉瑞公司	1054	16.03	12.16	26.19	2.45
6	可口可乐公司	1051	16.02	11.22	27.42	2.81
7	默克公司	1003	15.9	13.15	25.32	2.37
8	百事可乐公司	866	15.54	11.23	20.42	2.53
9	高露洁棕榄公司	761	15.22	9.03	21.6	3.39

排名	2003 年公司名称	股利再投资后盈利倍数	年收益率 /%	每股利润增长率 /%	平均市盈率	股利率 /%
10	克瑞公司	736	15.14	8.22	13.38	3.62
11	亨氏公司	635	14.78	8.94	15.4	3.27
12	箭牌公司	603	16.65	8.69	18.34	4.02
13	富俊公司	580	14.55	6.20	12.88	5.31
14	克罗格公司	546	14.41	6.21	14.95	5.89
15	先灵葆雅公司	537	14.36	7.27	21.3	2.57
16	宝洁公司	513	14.26	9.82	24.28	2.75
17	好时食品公司	507	14.22	8.23	15.87	3.67
18	惠氏公司	461	13.99	8.88	21.12	3.32
19	荷兰皇家石油公司	398	13.64	6.67	12.56	5.24
20	通用磨坊	388	13.58	8.89	17.53	3.2
	上面 20 家公司平均值		15.26	9.7	19.17	3.4
	标准普尔 500 指数	124	10.85	6.08	17.45	3.27

第 3 章
估值方法：市盈率

利润增长的价值是最难估算的，也是最不可靠的，因此是格雷厄姆和多德型价值投资者最不愿意为股票支付高价的价值因素。

3.1 估值：价值投资的出发点

价值投资者的工作分为三块：评估股票的内在价值、比较股票的价格与内在价值之间的差异，以及构建投资组合。因此，投资若想取得切实的成功，对内在价值进行"相对靠谱"的估计是根本的出发点。没有它，任何投资者想要取得持续投资成功的希望都仅仅只是希望。

由于股票的内在价值都是由其提供给其所有者的收益或可分配现金流的现值决定的，因此估值的方法最主要也是从收益或现金流的角度出发。

3.2 现金流折现模型及其问题

理论上，现金流折现（discounted cash flow，DCF）模型是评估资产价值的正确方法。然而，正如尤吉·贝拉（Yogi Berra）所指出的那样，"在理论上，理论与实践之间没有区别；但在实践中，两者千差万别"。

3.2.1 现金流折现模型

现金流折现模型最重要的两个部分：一是公司未来能创

造多少自由现金流；二是用什么折现率进行贴现。然而这两个部分，未来能创造的自由现金流以及折现率均难以估算和取舍，理论上正确的现金流折现估值很难在寻找内在价值的实际操作中提供相对靠谱的估算（或者我们应该说，它的实际价值至少要大打折扣）。

不管怎样，我们先来看看现金流折现模型，然后讨论它的问题所在，在此之前，我们先明确几个概念。

1. 终值和现值

终值和现值是一组相互对应的概念，体现了货币的时间价值。终值是现值（本金）按照一定的利率和期限，采用复利方法计算的本息之和；现值是指未来现金流量（终值）按照一定折现率折现后的结果。例如，若年利率为3%，那么现在的100元钱，相当于一年后的103元；或者反过来，一年后的100元，相当于现在的97.09元。

2. 年金和永续年金

年金是指一定时期内，每隔相等的时间收入或支出固定的金额。永续年金是无限期等额收付的特种年金，是普通年金的特殊形式。由于是一系列没有终止时间的现金流，因此没有终值，只有现值。现实中，优先股因为有固定的股利而又无到期日，其股利也可视为永续年金。英国政府发行的统一公债是一种没有到期日、定期发放固定债息的一种特殊年金，其利息也可视为永续年金。

3. 折现率与加权平均资本成本（weighted average cost of capital，WACC）

用现金流折现模型评估企业价值时，折现率通常采用企业的加权平均资本成本。

加权平均资本成本是以企业各种资本在其全部资本中所占的比重为权数，对各种资金的资本成本加权平均计算出来的资本成本。资本来源包括普通股、优先股、债券及所有长期债务，计算时将每种资本的成本（税后）乘以其占全部资本的比例，然后加权。

$$WACC=（E/V）\times Re+（D/V）\times Rd \times（1-Tc）$$

其中，Re 为股本成本，是投资者的必要收益率；Rd 为债务成本。

E 为公司股本的市场价值；D 为公司债务的市场价值；V 为 $E+D$ 是企业的市场价值。

E/V 为股本占融资总额的百分比，资本化比率；D/V 为债务占融资总额的百分比，资产负债率。

Tc 为企业税率。

4. 自由现金流（free cash flow，FCF）

自由现金流就是企业产生的、在满足了再投资需要之后剩余的现金流，这部分现金流是在不影响公司持续发展的前提下可供分配给企业资本供应者的最大现金额。简单地说，自由现金流是指企业经营活动产生的现金流扣除资本性支出（capital expenditure，CE）的差额。即 FCF=OCF（operating cash）−CE。自由现金流是一种财务方法，用来衡量企业实际持有的能够回报股东的现金。指在不危及公司生存与发展的前提下可供分配给股东（和债权人）的最大现金额。其目的是尽可能真实地反映公司实际的盈利能力，排除使用会计手段的利润管理（earnings management）因素。

汤姆·科普兰教授（Tom Copeland，1990）比较详尽地阐述了自由现金流的计算方法：自由现金流等于企业的税后净营业利润（即公司不包括利息收支的营业利润扣除实付所得税税金之后的数额）加上折旧及摊销等非现金支出，再减去营运资本的追加和物业厂房设备及其他资产方面的投资。它是公司所产生的税后现金流总额。

FCF（自由现金流）=EBIT（息税前利润）–taxation（税款）+depreciation &amortization（折旧和摊销）–changes in working ccapital（营动资本变动）–capital expenditure（资本支出）。

5. 现金流折现模型的公式

有了现金流，有了折现率，那么现金流折现模型的公式就可以写出来了：$P_0=(E_0CF_1)/(1+r)+(E_0CF_2)/(1+r)^2+\cdots$（延续到无限期）。

其中，P_0 代表企业的现值（当前价值），E_0CFn 代表当前预测的未来第 n 期产生的现金流，r 代表现金流的折现率，即加权平均资本成本。

我们假设企业会以一个相对较快的速度成长若干年（比如 10 年），然后以一个较低的增速 g（小于加权平均资本成本，即折现率 r）永续成长，则企业第 11 年的现金流 $=E_0CF_{10}\times(1+g)$。则永续经营价值（永续年金价值），即第十年后直到无限远的价值，在第 10 年末的价值 $=E_0CF_{10}\times(1+g)/(r-g)$，其中 $(1+g)/(r-g)$ 为永续经营价值（永续年金价值）现金流乘数。为什么是估算前 10 年，因为通常很难估算企业 10 年后的现金流（其实前 10 年也很难，难到基本不可能估算准）。

把未来所有赚取的现金流，用折现率折合成现在的价值。

这样，企业目前的价值就出来了。

企业的现值 P_0= 前十年的自由现金流总和折现 + 永续经营价值折现 = $(E_0CF_1)/(1+r)+(E_0CF_2)/(1+r)^2+(E_0CF_3)/(1+r)^3+\cdots(E_0CF_{10})/(1+r)^{10}+[E_0CF_{10}\times(1+g)/(r-g)]/(1+r)^{10}$。

注意，我们这里计算出来的是公司的整体价值，如果想知道"公司值多少钱"，也就是属于公司股权投资者的价值，需要将公司价值减去公司债务。

3.2.2 自由现金流折现的问题

看到现金流折现估值法（DCF）模型的公式，善于思考的投资者可能就发现了其问题所在。我们可以看到，数字计算的精确性与影响模型变量的极端不确定性之间的明显矛盾。

我们估算出了十年内现金流的增长率，并且也估算出了10年后自由现金流的永续增长率。这种估算的准确性在善于思考具有怀疑精神的投资人看来简直不敢想象。不要说未来十年甚至更长时间，哪怕是未来两三年，长期跟踪研究公司的训练有素的证券分析师，恐怕对自己估算数据的准确性内心也在打鼓。未来两三年的时间里，该公司会否面临着更多的竞争、技术挑战？原料成本的上涨能否转嫁给客户，或者是否有其他可能缩减或消除现金流的问题发生？再想象一下，对于像茅台这样稳定的公司，我们估算的准确度会如何；对于像江西铜业这样周期性非常强的大宗商品公司，我们估算的准确度会如何？对于像科大讯飞这样充满变数的科技类公司，准确度又会怎样？

不仅对现金流的估计近乎不可能，对折现率的估计也是问题重重。我们假设，公司将以可预测的加权平均资本成本持续地获得融资。无风险利率是折现率中争议最小但也充满变数的一个元素——它可由长期债券收益率之类的利率近似替代。然而在此之上，公司债务融资所要求的利率（风险溢价）是多少，谁又知道贷款人三年后会提出什么样的要求？股票市场会发生什么样的变化，有多少买家会购买新股，购买新股要求的隐含股本回报率又会有什么变化？

更糟糕的是，我们来看永续经营价值（永续年金价值）和其现金流乘数（1+g）/（r-g）。如果基本假设稍有偏离，资产估值就会有显著的变化。而在很多（也许是大多数）估值中，永续经营价值（永续年金价值）是总现值最大的组成部分。

市场参与者也意识到了这些困难，试图采用一些方法来应对它们。其中一种被广泛使用的方法是进行详尽的敏感性分析。分析师会改变决定该公司现金流的预期营运指标，如销售增长率、毛利率、一般销售及管理费用占销售额的比率、每 1 元销售额所需的投资、资本成本率等，然后研究该公司估值的相应变化。这样做的目的是确定可能的估值范围。但是，问题在于这个范围通常太大了。敏感性分析反而揭示出了现金流折现模型的不可靠性或者说实用性不够强。

事实上，将未来现金流折现作为一种确定内在价值的方法时，不可靠性问题是固有的。作为常见的方法，这种方法具有两个基本的缺陷：

第一，现值是从现在到遥远未来的所有现金流的折现的总和。除了类似茅台这样有稳定预期的公司，对未来一两年做出准确的预测都基本上不太可能，更何况随着时间的推移，预测的准确性还必然会大幅降低。

第二，现金流折现在实践中所依赖的信息——经营变量的参照价值往往是不可知的，特别是未来的数值。即使是锂电池行业消息最灵通的分析师也不能肯定地说宁德时代公司在 2023 年后的毛利率将是 18% 还是 24%。但是，专业的分析师应该能够判断得出多年以后锂电池行业在经济上是否可持续，宁德时代公司未来能否在与主要竞争对手 [国内的比亚迪、国轩高科、孚能科技及国外的三星、LG（Luck Goldstars，乐喜金星）、松下等电池企业] 的竞争中保持竞争优势，以及宁德时代公司是否能在未来打造出新的竞争优势。这些都是大致的战略判断。深思熟虑的分析师更善于对这些问题做出判断，比预测销售增长率、毛利率或加权平均资本成本等更准确。但是，现金流折现对公司进行估价时无法很好地结合这些判断。

3.3 对资产进行估值

本杰明·格雷厄姆和戴维·多德提出了两种估值方法，可以解决或者说回避净现金流折现法的问题。第一种方法是基于公司的资产，对资产进行估值。相对来说，企业估值最为可靠的信息是来自其资产负债表的信息。当前的资产与负债原则上可以在任何时候检验，即便是无形资产；分析其价值并不需要对未来的发展状况做出预测。部分科目（如现金与可交易证券等资产）的价值不存在不确定性，不过另一些项目可能需要多进行一些分析。因此格雷厄姆写下了计算清算价值的首要原则是，"负债是真实的，但资产价值却存在疑问"。

事实上，关于公司资产的价值，我们首先要问的问题是，该公司所处行业是否具有经济可持续性。如果行业没有未来，那么这家公司也没有前途，至少在目前的形势下没有。在这种情况下，收入将会减少，并拉低那些无法被转让的资产的价值，尤其是那些专用设备和无形资产（比如品牌价值和客户关系等）。如果行业在经济上不可持续，处行衰退期，那么对公司资产的估值必须按照清算收入计价。但是如果行业正在蓬勃发展，即使是一家没落的公司也可能以相对公道的价格（重置成本）将可转让资产出售给行业中成功的公司。如果行业未来没有消失，那么公司资产将以重置成本定价。如果行业没有进入壁垒，由于竞争的原因，公司的价值也只能等于资产的重置价值。

3.3.1 资产的清算价值

当公司自身的盈利能力大幅下滑的时候，当它面临破产法所列举的某种财务压力的时候，以及当公司所处行业处于严重的下滑中看起来没有活力的时候，该公司的价值可能不会高于其资产的清算价值。格雷厄姆本人更倾向于可以在一年内变现，且其会计价值是与市价相差无几的流动资产。从这些流动资产中扣除所有负债，就可以得出格雷厄姆著名的净流动资本，来表示该公司的价值。为了反映"负债是真实的，但资产价值却存在疑问"这一原则，格雷厄姆对资产的清算价值估计提出了一些大体上的经验法则。

对于现金和有价证券，如果有价证券是短期的，并且已经按市值计价。那么就不应当在低于该公司的账面记录金额的基础上进行折算。应收账款是很可能不会被全部收回，但由于这是商业债务，有很多专家知道如何收讨，因此正常情况下能有 70%~90% 被收回。存货能够收回多少资金取决于存货类型。对于一家制造企业来说，存货越接近上游原材料的形状，就越有可能被接近成本售出；而越像下游成品，销售所需的折扣就越低。那些生产完工的服装可能需要打两折才能出售，而上游原材料棉纱能以市价出售。如果存货是非常专业化的，那么估值就不得不明显降低。在这些情况下，存货的价值对整体估值至关重要，可以邀请专业的评估师来确定一个，相对粗略的估算而言，更有准确的价值。

不动产、设施和设备的估值也是如此。对于不动产和设备的了解越详细越能做出相对准确的判断。相对于账面价值来说，写字楼等通用资产的价值要远高于化工厂等专用资产的价值。土地、房产等相对账面资产可能甚至大幅升值，而很多专用设备则只能当作废品来处理。如果公司是被当作持续经营的实体整体出售，那么品牌、客户关系等无形资产的价值仍然存在，但如果公司是被清算的，则无形资产的价值将归零（见表 3.1）。

表 3.1 清算价值与账面价值的百分比

	资产类别			
	流动资产 /%			固定资产及杂项 /%
	现金资产（流通证券）	应收款项（减去坏账准备）	存货（以较低的成本 / 市场价格）	不动产、建筑、机械、设备、无形资产
正常范围	100	70~90	50~75	1~50
大致平均值	100	80	67	15

3.3.2 资产的重置成本

对于一家处在可持续发展行业中的公司来说，资产的经济价值是其重置成本，也是潜在竞争对手进入这个行业所需付出的成本。在大多数情况下，我们对流动资产账面价值的调整不是特别重要，因为这些资产毕竟是流动资产，它们预计将会在一年内兑现。用不了多长时间，报告的账面成本与重置成本之间的差异就会重合。但是当我们考察非流动资产或者固定资产时，情况就变得大不相同。20年前，公司购买土地新建工厂时，为了能购买到便宜且足够多面积的土地，将位置选在了距离市中心有点远的郊区，但是过了20年后，以前的郊区现在变成了繁华市区的一部分。隔壁类似的地块已拍出了比相当于公司购买成本100倍的价格。土地的账面价值与重置成本之间的差距简直天壤之别。那么，我们该怎么评估这些价值呢？我们需要对数据进行哪些调整来获得其重置成本呢？

（1）货币资金。不需要做任何调整。

（2）交易性金融资产。通常来说，仅指那些交易活跃的证券，可以直接找到当前的市场价格。

（3）应收账款。应当对其账面价值进行向上或者向下的调整，以获得更真实的重置成本。公司的财务报表中报告的应收账款可能包括永远无法收回的部分，也有可能公司收回做了减记的应收账款。而刚开张的新公司更可能遇到客户由于种种原因不付款的情况，所以一家现有公司的应收账款的重置成本有可能会高于其账面价值。许多公司财务报表会详细地说明已经计提了多少减值准备才得到这个净值。这个数值可以加回去，或者可以使用同行业公司的平均计题比例进行估算。

（4）预付账款。预付账款（比如租金或者保险）的金额就是实际数额，其数量小却真实。预付账款一般不需要调整。

（5）存货。从存货开始，估值会变得更为复杂。报告的数据可能太高了或者太低了，而且跟公司使用的会计政策有关系。例如，如果公司用后进先出法来记录其购买的原材料成本，并且如果其原材料的价格一直在上涨，那么存货的重置成本就会高于公布的数据。这个差额就是后进先出法储备，也就是重置成本高出报告成本的数额。因为新的原材料无法按照前期较低的价格计入最新的存货成本，因此我们将不得不付出更多的钱来重置这些原材料。再如，假设公司目前的存货量等于150天的当年销售量，但是此前的平均存货量只相当于100天的销售量，那么这多出的50天的量，可能代表这些存货将很难卖出去或者只能按照清仓的价格甩卖（比如滞销的玩具、过季的衣服）。在这种情况下。我们需要将重置成本调低。

（6）投资性房地产。按成本模式记账的投资性房地产，与其实际价值可能存在重大差异，需要仔细评估重置。

（7）固定资产。房屋、机器设备、运输工具及其他设备等都记入固定资产栏目。虽然它们在资产负债中被列为同一行，但是它们之间有着显著的区别。一家公司的固定资产的账面价值和重置成本的差距可能是非常大的，其中有两方面的原因：第一，公司用于减少其固定资产价值的折旧可能与资产的实际经济价值有天壤之别。建筑物可能按40年使用寿命计提折旧，40年后将贬值为零，但是实际上，其市场价值和重置成本反而在上升。第二，通货膨胀也可能严重扭曲设施的价值。我们今年对资产经济价值使用的折旧是基于资产的历史成本计算的。但是通货膨胀使得我们的潜在竞争用今天的价格来购买资产，它们反映物价已经大幅上涨的成本，将远远超出我们经过折旧的账面价值。

机器设备的重置成本相对而言更容易计算一点。它在其使用寿命期间提取折旧，如果它的寿命多少延长一些，那么现有公司就占据了优势。在使用比现有设备的生产效率明显高的行业和其他创新领域，新进入者可能比现有企业在使用最先进的工艺设备方面更具有优势。现有企业的账面价值可能高过了实际的重置成本，那么设备的重置成本要降低。对机器设备价值的调整需要根据具体案例具体分析，这主要取决于对公司和行业的具体了解。对机器设备账户所做的调整与对建筑设施进行的调整一样，可能上调也可能下调，但是调整规模不可能太大。

（8）无形资产。无形资产可能是资产重置中变化空间最大的项目，具体包括以下内容。

商誉：当一家公司收购另一家公司，并支付高于该公司资产（减去所有负债）后的公允市场价值时，实施购买的公司会将商誉价值加入其资产价值。两者的差额将被计入商誉账面。那么，商誉值钱吗？答案完全取决于商誉的来源，为此我们必须要掌握需要的信息和行业知识，认真地分析，以确定它是否代表着经济价值。先来看茅台的例子。假设一家公司要收购整个茅台公司。自 2001 年以来，茅台公司市净率长期在 5~11 倍，最高时甚至接近 30 倍。那么显然，收购后这家公司的资产负债表上最大的一笔资产几乎肯定是商誉。那么它有经济价值吗？答案显然是有的。任何潜在的竞争对手都将必须为品牌价值、消费者忠诚度等所有使茅台公司成为中国最牛酒企的因素支付高昂的费用。但在某些情况下，商誉的经济价值是值得怀疑的。由于经济环境发生了变化，或者管理者犯了错误，一家公司为收购另一家公司支付了过高的成本，而并购后的效应并不能如期显现。产生的商誉可能并不代表任何经济价值。新进入者此时没有必要为了竞争而重置商誉。此时在计算以资产为基础的公司价值时忽略商誉是合理的。

研发支出：研发支出主要是为了发明、设计和生产供销售的商品和服务。许多公司没有研发支出，而有些公司会花少量的钱研究；但很多具有高科技含量的公司每年将销售收入 5% 甚至更高比例的资金用于研发。一般来说，技术水平越高的公司，研发支出就越高，尽管也有例外。很多公司的研发支出当年就在利润表中费用化了，并不体现在资产负债表中，还有一些公司将部分研发支出资本化计入无形资产。对于高科技公司来说，研发支出往往是其最核心的竞争力来源，无论研发支出是费用化计入利润表中了还是资本化计入了无形资产当中，我们都必须把它们还原出来重置它们。新的进入者需要投入相当于多少年的研发支出才能取得现有公司已经创造的价值呢？这取决于研发的产品能够为该公司创造多少的销售收入。

客户关系：培养客户关系的成本也很高，而且这些成本从来都是当期费用化了，并没有被计入无形资产。虽然如此，我们仍需要加入一定倍数的销售及一般管理费用，作为无形资产来重置资产成本。因为当一家新的公司想要入行竞争时，不可能从一开始就有一堆业务订单和大量忠诚客户，它必须要花大量的时间和金钱才可能建立这样的客户关系。

其他待摊费用、递延所得税等重置变化一般不会太大。

当我们将所有的资产重置完成后，我们就得到了公司的重置资产价值，如果减去负债的话，就得到了重置后属于公司股东的资产价值。

重置成本法是常用的公司资产估值法之一。第二种方法是传统的格雷厄姆和多德净流动资产法。使用这种方法，所有负债都要从流动资产中扣除，以得出一个保守的，甚至可以说是"刀枪不入"的数值。这个数值无可挑剔，很难得到。第三种方法既不重置，也不使用格雷厄姆和多德的流动资产减去所有负债，而仅仅是会计报表的账面价值。在实践中，格雷厄姆和多德的净流动资产法已很难找到投资标的，按照账面价值的折扣价格购买市场上股票的投资策略也已经被证明是很难实现。与账面价值法和净流动资产法相比，要得到公司的资产和负债的重置成本还需要更多的努力、更多的知识以及其他东西。要想得到回报，必须付出更多努力。

3.3.3 没有进入壁垒的行业中，公司的价值只能等于资产重置价值

在任何行业中，现有公司所享有的竞争优势相当于潜在竞争对手进入壁垒，这两个术语是同一种情形的不同表述。

假如市场没有进入壁垒，即竞争环境是完全公平的，没有什么因素可以阻挡现有公司扩张或者新进入者入场，所有公司都可以平等地获得生产技术、资源和客户。在这样一个公平的竞争环境中，假设我们发现了某家公司 A，其所有资产扣除负债后的重置成本为 5 亿元，公司的股票市值为 10 亿元，那么事情会发生怎样的变化呢？现有的竞争对手和新进入者会算出花费 5 亿元重置资产，就能够创立一家市值为 10 亿元的企

业。既然 A 公司能做的事情没有什么是其他公司不能做的，那么其他公司为什么不做呢？所以，A 公司面临着新进入者入场及现有竞争对手扩张的竞争，新的产能扩产，商品供应增加，而消费者的总需求水平却没有太多改变，市场竞争变得激烈，价格下降，同时每家企业的销量下降，从而使得利润下降，公司的市场价值也随之下降。产量继续扩大，利润和市场价值继续下滑。当 A 公司的市场价值被压低至 5 亿元的资产重置成本时，游戏就结束了。竞争对手也遭受了同样的命运，每家公司的利润都下降了。当然，这个过程不会像上面描述的这么简单，但是事情最终会朝着这个方向发展。在没有进入壁垒的情况下，超额利润吸引着现有玩家扩产以及新玩家入场搏杀，直至市场达到新的平衡。

这个基本过程也会朝着相反的方向发展。如果 A 公司的市场价值明显低于 5 亿元的资产重置成本，那么现有的生产商将会停止购置资产。生产能力下降，供应减少，而需求并没有太大的变化，价格开始上涨，利润逐渐回升也带动 A 公司市值回升，当 A 公司的市场价值回升至 5 亿元时，这个过程才会停止。因此，从战略角度看，在一个没有进入壁垒可以自由进出的行业中，公司的内在价值就是资产的重置价值。

3.4 盈利能力估值

3.4.1 盈利能力价值

本杰明·格雷厄姆和戴维·多德提出的第二种估值方法是计算公司的盈利能力。他们认为，投资者最想知道的是一个公司在特定条件下显示出的盈利能力，即如果在一定时期内该公司的运营条件持续保持不变，那么其预期的未来年化收益为多少？

要想将当前收益转化为公司的内在价值（未来收益／现金流的折现），我们需要对当前收益与未来收益之间的关系以及加权平均资本成本做出假设。传统的收益假设包括：

（1）经过适当调整的现有收益，与可分配现金流的可持续水平相等。

（2）这一收益水平在无限时期内保持不变。

利用这些假设，公司的盈利能力价值（earnings power value，EPV）可以用公式表示：$EPV =$ 调整后的收益 $\times 1/R$，其中 R 为当前的加权平均资本成本。由于假设收益／现金流保持不变，增长率 G 为零，因此，对盈利的调整包括以下内容。

（1）纠正会计上的错误理解，比如人们认为经常出现的一次性支出与正常运营无关。这种调整包括调整前找出这些支出与报告收益的平均比例，在按比例调整之前，减少当年的年度报告收益。

（2）解决会计人员报告的折旧、摊销与企业在年末为恢复至年初资产水平而进行的实际再投资之间的差额，调整时要加上或者减去这部分差额。

（3）考虑经济周期和其他暂时性因素的影响，这种调整就是在周期高峰时降低报告收益的水平，在低谷时提高报告收益的水平。

（4）考虑其他方面的修正。

这样做的目的是，通过对收益数据的调整，得出该公司当前可分配现金流的准确数值。需要强调的是，这里假设这种水平的现金流能够持续下去且不会变化。尽管我们需要依赖这些假设，这样计算出的盈利能力价值不如纯粹的基于资产的估值可靠，但是它比假设未来多年的固定增长率和资本成本率的净流动资产法更可靠。它具有完全基于当前可知信息和不受未来更多不确定假设影响的优势。

一旦计算出盈利能力，我们就可以在资本成本下将其资本化以得到估值，或者我们可以将它与价格进行比较来计算出市盈率。格雷厄姆认为这一市盈率不应超过 16 倍，也即每年可以获得大约 6%（1/16）的收益，在收益每年都保持不变的假设下。

3.4.2 盈利能力价值与资产重置成本的差异及来源

1. 盈利能力价值与资产重置成本的差异

将公司的盈利能力价值与公司的资产重置成本进行比较，可能出现三种情形。

情形 1：公司的盈利能力价值明显低于其资产的重置成本。

只有在两种情况下，才可能造成这样的结果。第一种情况是该公司的管理很差，没有运营好公司的资产创造出应有的收益。在这种情形下，解决方案是改进管理层目前的工作或者替换不合格的管理层。第二种情况是公司所处行业处于过剩状态，使得行业竞争激烈利润下降甚至亏损。造成行业产能过剩的原因可能是行业扩张太快，超出了预期的需求增长水平，或者是产能收缩速度不够快，不足以适应需求的永久性下降。在这种情况下，真正的价值投资者会把较低的盈利能力作为衡量公司内在价值的指标，而不是把较高的资产价值作为衡量公司内在价值的指标。

公司的盈利能力价值低于其资产重置价值既是一种警告，又是一个机遇。如果更好的管理可以弥补差距，那么公司的内在价值将会增加，这将迅速反映在市场价格上，因为收益会增长（比如，恢复正常）。

情形 2：公司的盈利能力价值与资产重置的成本大致相等。

在没有进入壁垒／竞争优势的行业中，这是正常状态。当资产重置法与盈利能力估值法得出了大致相等的价值时，我们就能确定对内在价值的估算是大致准确的。这两种方法的一致说明公司管理的水平一般，该公司相比其竞争对手并没有竞争优势，而这些情况都可以被直接验证。

情形 3：公司的盈利能力价值明显高于资产的重置成本

如果计算正确的盈利能力价值明显高于资产的重置成本，那么这一差额的存在要么源于先进的管理，要么源于该公司明显的竞争优势。

在任何存在大量竞争性企业的情况下，总有少数公司有幸拥有杰出的管理能力。这一优势已经在其更高的盈利能力上反映出来了。这种能力只会随着未来管理质量的下降而下降。因此，一个现实的价值投资者在意识到公司管理质量将不会改善，并有可能恶化时，要对盈利能力价值做出负向调整。在短期内，公司先进的管理可能会从成长性中挤出一些价值，前提是成长性出现在其具备专业知识的领域。但是除非价值投资者确信公司杰出的管理层是年轻的、健康的、忠诚的、卓越的，否则他们不大可能为公司全部的盈利能力价值付钱，以期待公司未来的盈利增长能够提供安全边际。

另一种更常见的、用于解释盈利能力价值高于资产价值的理由是，由于存在进入壁垒，公司相对于潜在竞争对手享有明显的竞争优势，从而能够获得比在竞争环境中能实现的更高的收益。我们将盈利能力价值与资产重置成本之间的差额，这种额外的盈利能力，称为公司的竞争优势价值。因此，公司的内在价值要么是公司资产的重置成本（等于公司的盈利能力价值），要么是公司资产的重置成本加上公司的竞争优势价值。我们首先要判断该公司目前是不是具有竞争优势。如果有，竞争优势有多强大，能持续多久。这里的关键问题是竞争优势的可持续性，要想支撑盈利能力价值，竞争优势必须在目前的水平上无限期延续。

2. 竞争优势的本质

在一个市场中，如果新进入者发现自己无法在平等条件下竞争，那么它将不会进入这一市场，即现有公司的竞争优势起到了进入壁垒的作用，并且延缓了利润受到侵蚀的过程。如果新进入者能够在平等条件下竞争，则竞争就会加剧，利润就会受到侵蚀。换句话说，现有公司的超额盈利能否持续存在取决于其所享有的竞争优势的存在，这些竞争优势起到了进入壁垒的作用，阻止了新的竞争对手的进入。竞争优势和进入壁垒其实是同一件事不同方向的表述。在现代市场经济中，它们是超出企业重置成本的价值的主要来源。那些在相当长的时期内盈利高于平均水平的公司，实际上都得益于其竞争对手（既包括实际的竞争对手，也包括潜在的竞争对手）没有能力做他们想做的事情，而这些公司通常在市场上也能获得更高的估值。

3.5 利润增长的估值

传统的格雷厄姆和多德式价值投资者偏好实物资产和当前盈利能力，他们不喜欢为"增长"买单，这阻止了他们投资于高科技公司和其他高成长性的股票。沃伦·巴菲特和查理·芒格（Charlie Munger）以及其他一些杰出价值投资者在这方面做出了重要的创新。巴菲特说以合适的价格买入一家优秀的公司要远胜于以优惠的价格买入一家普通的公司。他们青睐"好"公司的股票。所谓的"好"公司指的是那些像可口可乐公司一样既能为增长提供资金，又能为投资者支付现金的成长性公司。

但并非所有的增长都能创造价值。巴菲特说："企业的成长性本身并不能为我们提供多少关于价值的信息。成长性的确会对价值带来正面影响，有时甚至是惊人的影响，但是这种影响还是非常不确定的。例如，投资者们经常将资金投入国内航空公司，为无利可图的（或者更糟糕）的增长提供资金。对于这些投资者来说，如果当初奥维尔·莱特（Orville Wright）未能从基蒂霍克（Kitty Hawk）起飞，情况就会好很多。该行业增长越快，对投资者就越不利。只有当企业的投资能够获得更多的回报时，换句话说，只有当为成长提供的每一美元资金创造出超过一美元的长期市场价值的时候，成长才会使投资者受益。在需要增量资金的低收益企业中，成长会损害投资者的利益。"

在公平的竞争环境下，销售的增长，甚至利润的增长并不会增加公司的内在价值。销售的增长（导致公司的净收入增长）似乎意味着投资者可以获得更多的资金，但是增长通常需要更多的资产（更多的应收账款、更多的存货、更多的设施和设备）来支持。这些额外的资产，需要追加投资，由于不享有可持续竞争优势，新投资产生的收益仅仅可以冲销新投资的成本，从而使净收益为零，公司的内在价值根本没有增长。资产如果没有产生其应该产生的收益，可能表明该公司正处于竞争劣势。如果该公司追加投资以提高增长率，那么这种投资将会降低而不是增加公司的价值。唯一可以增加公司内在价值的成长性是在竞争优势之内的增长。由于公司拥有竞争优势，所以能够获得的收益高于支持增长所需的资本的成本。只有当增长发生在一个强大且可持续的公司竞争优势范围内时，增长才能创造价值。如果价值投资者确定一家公司拥有竞争优势，并且认为其发展前景良好，那么他可能就会向公司支付全部盈利能力价值，以期待难以测量却明显真实的成长性价值将创造安全边际。

如前所述，只有竞争优势才能创造增长价值。因此，判断一家公司的竞争优势的存在和可持续性是评估其未来增长价值的核心。通过关注竞争优势的战略因素，我们可以更好地估计竞争优势条件下的增长价值。然而，利润增长的价值是最难估算的，也是最不可靠的，因此也是格雷厄姆和多德型投资者最不愿意支付高价的价值因素。

3.6 估值方法的选择

准确估计股票的内在价值是价值投资的起点与核心，那么在这么多估值的方法中，我们应当以哪一种为主呢？

净现金流折现计算在理论上是正确的和准确的，可以适用于所有能够产生收入或现金流的资产的估值。遗憾的是，这种方法通常不具有实际可操作性。

格雷厄姆和多德型价值投资者开发了对资产进行重置及对利润进行估值的方法。这种方法基于对公司经济状况的全面把握，并更重视那些关于公司可靠、确定的信息，预测公司未来前景时更现实，采取更保守的态度。如果公司所在行业处于衰退期，在经济上不可持续，则对公司的估值采用清算价值法，并采用的原则是"负债是真实的，但资产价值存在疑问"。相对认可流动资产的价值，但对固定资产则大幅打折计提，对无形资产更是直接忽视。如果行业可持续，则对资产的价值进行重置，得出资产的重置成本，在没有竞争壁垒的行业中公司的价值不能超过其重置成本。在对利润进行估值时，他们也会采取保守的态度，考虑整个经济周期的波动，尤其是经济下行时的盈利情况。他们采取保守的态度，只愿意对当前的盈利付费，但对未来可能能实现的增长不愿意支付高价。当采用资产估值时，他们希望股价能低于净运营资本的 2/3，甚至更多；采用盈利估值时，愿意付出的市盈率倍数最高不超过 16 倍，最好是 10 倍，甚至更低。巴菲特曾将格雷厄姆的方法描述为"烟蒂股投资"。大概的意思是，格雷厄姆喜欢的股票就像大街上仍在燃烧的烟屁股，可以捡起来抽最后一两口烟。本杰明·格雷厄姆的方法曾经取得过巨大的成功，但是随着市场的发展，信息传播速度越来越快，数据获取越来越容易，符合格雷厄姆投资标准的股票已经越来越少了。再坚持这样的标准，很难在市场上找到足够的投资标的。

现代价值投资最大的进步是已经认识到了竞争优势的价值，并且愿意为在竞争优势加持下的盈利增长付费，当然不能太高，超出增长的价值，安全边际的概念仍然是现代价值投资最核心的概念。这一进展归功于沃伦·巴菲特，他喜欢像可口可乐和吉列这样的公司，因为两家公司多年以来已经积累了很高的客户忠诚度，具有极强的竞争优势。识别竞争优势是一种高难度技巧，需要花时间和精力才能掌握，而且它也不容易扩展。价值投资者喜欢在自己的竞争优势圈内运作，在这些领域里，他们可以将自己积累的关于食品、医药、半导体、汽车公司或者其他投资的知识应用于一个新的但他们仍熟悉的情况中。当本杰明·格雷厄姆在财务报表中寻找他的净流动资产价值股票时，他并不在意自己不太了解目标投资对象所处的行业。他所关心的只是资产的价值和大到足以使他免受损失的安全边际。但是，身处市场价格已经超过资产价值且以此计算安全边际为负的时代，当代价值投资者最好能够理解并确定一家公司的竞争优势的性质。否则，他将仅仅是另一位冒险行事的赌徒，而不是投资者。

我们的目标是寻找在竞争优势加持下利润能够持续增长的优秀的公司，也就是我们愿意为公司的利润增长付费。我们采用盈利估值的方法，我们愿意付出超过格雷厄姆 16 倍的标准，只要公司足够优秀，利润能够有质量地快速增长。

第 4 章

股价 = 市盈率 × 每股盈利

股市短期来说是一台投票机，长期来看是一台称重机！

——本杰明·格雷厄姆

4.1 股价的构成因素

巴菲特说，价格是你付出的，价值是你得到的。内在价值的含义是：在公司剩余的生命周期中能够从该公司获得的所有收益（现金流）的现值。为了方便表述，我们先高度简化，把每股盈利当作股票的内在价值（核心差异在于内在价值是公司未来所有时期盈利的折现，但我们往往使用的是当前的盈利数据）。那么市盈率就是我们购买股票时付出的价格，而每股盈利是我们得到的价值。市盈率也可看作市场对这只股票的估价或评价。

市盈率 = 股价 / 每股盈利，把这个公式转换一下，即股价 = 市盈率（市场对公司的评价）× 每股盈利（内在价值）。也就是说，股价取决于两方面：一是公司的内在价值；二是市场对公司的评价，即市场氛围。

对一家公司的最终评价是由三个相对独立的评价综合而成，即对整个股市投资吸引力的评价，对某公司所处行业的评价，以及对该公司本身的评价。整体股票市场对个股的影响显而易见，牛市中垃圾股也会暴涨，熊市中优秀公司的股价也会出现大幅下跌，在公司盈利变化不大的背景下，表现的就是市盈率的大幅波动。从行业的角度来看，市场对不同行业，同一行业不同阶段给予的评价也天差地别。同一时期科技股的市盈率远高于银行股。同一科技板块，不同阶段，市场给予的整个行业市盈率评价差异也非常之大。从长期来看，一个行业从市场潜力巨大的早期阶段，到可能受到新技术威胁的后期阶段，在整个过程中，市场为了参与该行业的投资，所愿意支付的市盈率可能大幅下降。因此，在新能源行业，比如光伏行业的早期发展阶段，整个行业所有公司的股票通常都有很高的市盈率。接下来，随着行业的发展，整体市场规模扩大，行业竞争加剧，业内企业的市盈率急速下降。这些事情都很明显，也非常容易理解。但有时候不那么明显，也不太容易理解的是，市场对某一行业总体评价的起起落落，原因有时不是由于上述这些基本面因素变化的影响，而仅仅是由于整个市场投资者心理情绪变化的影响造成的。就影响市盈率的因素而言，市场对一家公司自身特点的评价，比市场对该公司所处行业的评价更为重要。对于一家具有很强竞争优势的优质公司来说，市场对某只股票的评价越接近这些特征，该股票的市盈率就越高。如果评价低于这些特征，则市盈率倾向于下降；如果评价很低，则股价很可能被大幅低估。投资者如果能运用自己高超的判断力，确定某家公司的真实投资价值是明显高于或低于目前市场对该公司的评价，便可以很好地判断出该股票的价格目前是显著低估还是高估。

如果市场是一台计算器，在计算股票的价值时，只依据于公司的基本面，那么股票市场价格的波动幅度就不会太大，和公司现在的盈利以及对公司未来盈利的预期的波动幅度基本一致。甚至，股票市场价格的波动幅度，还应该小于公司盈利的波动幅度，因为公司短期的盈利可能受意外事件的影响，而长期盈利会使公司主营业务盈利能力回归，而且季节性的盈利会被抹平。然而，股票市场价格的波动幅度经常远远大于公司盈利的波动幅度。这主要是由于受投资者心理情绪方面的影响，使得市场对公司的评价，发生了变化，即市盈率发生了大幅变动。

4.2 股价如何变化

股价主要受两方面因素的影响，市场对公司的评价即市盈率，以及公司的内在价值即每股盈利。每股盈利的变化取决于公司的经营状况，这个相对而言比较稳定和好理解。问题的核心是理解变幻无常的市盈率。市盈率即"市场评价"，是一件很主观的事，它和现实世界中公司所发生的事情没有必然的关系。相反，这要看作评价的人是否认可正在发生什么事情，而不管他的判断和事实有多大的出入。换句话说，任何个股不会因为公司实际上正在发生的事情，或即将发生的事情而在某一时刻发生上涨或下跌，而是因为投资者对正在发生的事以及即将发生的事，在看法上达成了一致而上涨或下跌，不管这种一致的看法和真正发生或即将发生的事情相差有多远。

说到这里，可能很多人会对以上所说的内容表示怀疑。如果股票价格出现大幅波动仅仅是因为投资者对它的评价发生改变，而这些评价有时完全偏离了公司在现实世界中真实的经营情况，那么公司的内在价值还有什么意义？答案是和时间因素有关系。由于市场的评价和事实不相符，一只股票的价格可能在相当长的一段时间内都远高于或远低于它的实际价值。有时市场对某只股票的评价有悖于事实，使得该股票的价格远高于正常的水平，却仍然能在这个偏高的价位上维持很长的时间。事实上，价格从这个已经偏高的水平上还有可能继续上涨。市场对一只股票的评价，和能够影响股价的真实情景之间的巨大差距，可能会持续好几年的时间，不过这种泡沫迟早会破掉，有时几个月，有时则会持续很长时间。如果一只股票的价格因为人们不切实际的预期而涨得过高，迟早会有越来越多的持股者因为等待而感到厌倦。虽然少数新增加的买方仍然对旧评价很有信心，但是卖方的卖盘很快就会耗尽这些新增买方的买盘，于是接下来股价发生重挫。有时候，继之而来的新评价是相当客观的，但是由于这种新评价是在价格下跌的心理压力下形成的再检查，所以会矫枉过正地过于强调负面因素，使得市场的新评价远比实际情况悲观，而且这种悲观的新评价可能会持续一段时间。这种现象发生时，出现的情景会和评价太乐观的时候很像，唯一的不同点是整个情况都要倒过来。较为乐观的看法可能需要几个月或几年的时间才会取代目前的悲观看法。但随着收益数字出现了令人欣喜的连续上涨，乐观取代悲观则是迟早会发生的事。

幸运的持股者，也就是没有在股价刚开始上涨就卖出持股的投资者，接下来便能从这个现象中获得相对于股市中的风险而言最大的利益回报。在每股收益稳步上涨，以及市盈率同时急剧上扬两个因素的共同作用下，股价将大幅攀升。随着市场从这家公司的基本面（现在是市场对它的新印象）中正确地发现，它的投资价值远高于市场以往印象中的价值，使得市盈率在股价上涨中的作用远高于每股收益在股价上涨中的作用。A 公司的情况就是一个典型的例子。

第 4 章 股价 = 市盈率 × 每股盈利

案例 1：两年前，A 公司被视为一家相当普通的公司。每股收益为 1 元，价格是收益的 10 倍，也就是 10 元。近两年，该公司所处行业大部分公司的收益都呈下降趋势。相反，A 公司由于连续推出不少优秀的新产品，加上老产品的利润率有所增长，2022 年报告每股收益是 1.5 元，2023 年则为 2 元，未来几年还有望进一步增长。很明显，A 公司近来的经营业绩和业内其他公司形成了鲜明对比，公司内部所采取的行动绝对不是刚刚开始，而是已经持续了相当长的时间，否则运营上的经济效益和出色的新产品不可能出现。但是，投资者很晚才发现 A 公司符合我们所说的具有很强的竞争优势，所以它现在的市盈率才上升到 20 倍。其他一些股票也有高于平均水平的商业特征和与 A 公司等量齐观的成长前景，和它们比起来，A 公司 20 倍的市盈率看起来并不是特别高。因为 20 乘以 2 元等于 40 元，因此两年来该股票的价格顺理成章地涨了 300%。同样重要的是，像 A 公司所创下的这种纪录，往往暗示公司现有管理团队的能力非常高强，可以引领公司在未来很多年内继续增长。这样的增长率即使不是特别大，比方说未来 10 年或 20 年内每年增长 10%~15%，到时收益还是很容易增长几十倍的，而不是只增长几倍。两年来，公司盈利增长了 1 倍，但股价上涨了 3 倍，除盈利翻倍的因素外，市场对公司的评价，即市盈率也翻了一倍，从 10 倍增长到 20 倍，也贡献了股价上涨 50% 的权重。下跌也是类似的原因和过程。

案例 2：有两家公司 B 公司和 C 公司，每股盈利均为 1 元。经过仔细研究发现，这两家公司未来每年的增长率可能都有 10%。但 B 公司的价格为 10 元 / 股，C 公司却为 20 元 / 股；

即 B 公司市盈率为 10 倍，C 公司为 20 倍。同样的盈利，同样的预期增速，但市场对两只股票的评价截然不同，导致价格相差了整整一倍。这样看来市盈率为 10 倍的 B 公司看起来比较便宜一些，或许事实正是这样，但也不见得必然如此，可能的理由有许多。比如看起来价格较为便宜的 B 公司可能利用了更高的杠杆资金，这样 B 公司的预期成长率受阻的风险可能会高出许多。同样，纯粹从企业经营方面来看，尽管两只股票都有可能实现预期中的增长率，但如果有意料之外的事情发生，则对低市盈率股票 B 公司的影响，可能远高于对另一只高市盈率股票 C 公司的影响。

案例 3：假设两只股票 D 公司和 E 公司，每股盈利均为 1 元。预计未来 3 年两家公司的收益都很有可能翻倍达到每股 2 元，而且目前的股价是收益的 20 倍，即 20 元 / 股。此时在同一市场中，其他一些运营正常但没有什么成长潜力的公司，价格为收益的 10 倍。再假设 3 年后整体股市的市盈率没有发生变化，那些运营正常但没有什么潜力的公司，价格仍为收益的 10 倍。同时我们假设 3 年后这两家成长有望翻倍的公司中的一家公司 D，人们对它未来的成长预期和 3 年前大致相同，换句话说，市场对它的评价是，未来 3 年 D 公司的收益应该还会再增长一倍。这表示，它在过去 3 年收益发生倍增之后，D 公司的价格仍然会是收益的 20 倍，即 40 元 / 股。换句话说，那段时间它的价格也升高了一倍，从 20 元 / 股涨到了 40 元 / 股。与之相反，3 年后第二家公司 E 的收益像预期的情况一样，也增加了一倍，达到了 2 元 / 股，但此时市场对它的评价是，该公司的收益在未来 3 年将趋于平缓，不过运营仍然良好。这表示，E 公司虽然 3 年内收益增加一倍的预期已经得以实现，但是该公司股票的持有者将大失所望。由于市场对公司 E 的印象是"未来 3 年收益不会增长"，那么现在会预期它的市盈率只有 10 倍，乘以 2 元 / 股的盈利，价格仍是 20 元 / 股。尽管这 3 年来公司收益已经增加了一倍，但 E 公司股票的价格还是跟以前一样为 20 元 / 股。

所有这一切可以总结为一条基本的原则：未来利润继续增长的可能性越高，投资者愿意承受的市盈率也就越高。

但是，应用这个原则时必须非常谨慎。不要忘记市盈率实际上的变化原因，并不是实际上将会发生什么事，而是市场目前相信将会发生什么事。在整体市场形势普遍乐观的时候，一只股票可能因为市场预测它将在未来若干年内实现很高的成长率，从而具有极高的市盈率。但是，要想等到这个成长率完全实现，还需要等待很多年。在此期间，原本应该"准确"反映在市盈率上的高成长率，可能有一段时间没有反映（市场氛围转为中性或悲观，股价下跌，市盈率降低），如果公司在经营上出现暂时困难则更是如此，即使是最优良的公司也可能会发生这样的情况。在整体市场形势普遍悲观的时候，这种"没有反映"公司高成长率的情况会表现得更加明显。这种情况发生时，投资者如果能够辨别出目前的市场评估和真实情况之间的差别，就能够在风险较低的情况下，找到一些长期获利极为丰厚的普通股投资良机。

第 5 章
风险

对价值投资者来说，面临的风险是资本永久性损失的可能性！

5.1 什么是风险

风险的种类和定义有很多，但对价值投资者来说首要的或者说最有意义的定义是，风险是资本永久性损失的可能性。

永久性损失的概率是每一位实际投资者所担心的风险，与之相对应的是波动性。自 1952 年美国纽约市立大学 – 巴鲁克学院（Bernard M.Baruch College）金融学教授哈里·马科维茨（Harry Markowitz）在《金融杂志》（*The Jornal of Finance*）上发表了题为《投资组合选择》（*Portfolio Selection*）的论文，他将投资组合的价格变化视为随机变量,以它的均值来衡量收益,以它的方差来衡量风险（该理论又称为均值 – 方差分析），之后金融理论界普遍以波动性来指代风险。然而这可能是与风险最无关的一个概念，这一观念遭到了价值投资实践派的坚决反对。事实上,对价值投资者来说,波动性不是风险,而是机会。

巴菲特说："对于企业的所有者（这也是我们看待股票的方式）来说，学者们对风险的定义太离谱了，以至于造成了荒唐的情况。"例如，基于 Beta 理论，一只相对于市场已经大幅下跌的股票（正如 1973 年我们买进华盛顿邮报股份时的情形），它在较低价位比在较高价位的风险更大。这种描述对于那些以大幅下跌的价格购买整家公司的人来说有意义吗?

事实上,波动性只有加上杠杆时才会真正成为风险。当投资者加上杠杆后,股票所面临的风险就不能完全由自己所掌控了。当价格下跌至因杠杆导致的保证金不足需要补充资金,而投资者又无力补足时,股票将被强制平仓,因股票暂时性下跌而造成的账面损失就变成了实际上的永久性损失。

实际上,真正的价值投资者欢迎波动性。格雷厄姆在其所著的《聪明的投资者》(*The Intelligent Inverstor*)一书第 8 章中解释了原因。他介绍了"市场先生"——一个乐于助人的家伙,它每天都会出现,按你的意愿,要么从你手中买入,要么让你卖出。这个家伙越狂躁抑郁,投资者的机会就越多。这是事实,因为市场的大幅波动意味着稳健的公司将会定期出现不合理的定价。不可理解的是,这种价格的可能性会被认为增加了投资者的风险,投资者是完全自由的,他们要么无视市场,要么利用市场的愚蠢获利。对于持有股票的价值投资者来说,股票向上的波动让其能获利了结,而向下的波动则给了其有机会以相对于内在价值以及初始买入价格更便宜的价格加仓的机会,如果他不但没有使用杠杆,反而还有备用资金留有余力的话。

对于价值投资者来说持有股票的真正的风险不是股票价格的下跌,而是公司内在价值的下降,因为这会给其带来永久性的资本损失。

价值投资的含义是,股票价格围绕其内在价值呈现周期性波动,价值投资者在股票价格低于其内在价值时买进,当价格回归其内在价值,甚至高过内在价值时卖出。价值投资是唯一一种真正将风险管理置于投资过程核心的方法。本杰明·格雷厄姆对于现代金融痴迷于用方差来衡量风险这一做法一直持批判态度。他认为，投资者应该关注的是"永久性资本损失"的危险。

5.2 风险的来源

股价 = 市盈率（市场对公司的评价）× 每股盈利（内在价值）。

股票价格主要受到两个方面的发展变化的影响——基本面和心理面。

基本面，即公司的内在价值（每股盈利）。随着公司盈利能力的持续增长，公司的内在价值持续上升。

心理面，即投资者对基本面因素的感觉，以及他们如何评估这些基本面，特别是投资人的乐观程度和对待风险的态度；用市盈率倍数来表达。

如果市场是一台计算器，在计算股票的价值时，只依据于公司的基本面，那么股票市场价格的波动幅度就不会太大，和公司现在的盈利以及对公司未来盈利的预期的波动幅度基本一致。甚至，股票市场价格的波动幅度，还应该小于公司盈利的波动幅度，因为公司短期的盈利可能会受意外事件的影响，但长期盈利会回归公司的主营业务盈利能力，而且季节性的盈利会被抹平。然而，股票市场价格的波动幅度经常远远大于公司盈利的波动幅度。这主要是由于心理情绪方面以及其他非基本面因素的原因。

当投资者心态积极乐观时，投资者愿意付出更高的价格（市盈率倍数）；当投资者心态悲观时只愿意付出较低的价格

（市盈率）来购买股票。随着投资者的心态在积极乐观和消极悲观之间呈现周期性的变化，股票价格围绕内在价值呈周期性的波动。

因此从公式：股价＝市盈率（市场对公司的评价）× 每股盈利（内在价值）中，我们可以得出结论，造成股票永久性损失的风险主要来源有两大类：第一类风险来源于投资者自身，即他们买进股票时付出了太高的价格（简化即为买入股票的市盈率过高）。第二类风险来源于所购买股票对应的公司，即公司内在价值下降甚至归零（破产）的风险。

5.3 来自公司的风险

股票真正的风险是来自公司内在价值的下降，而不是股价的下跌，正如格雷厄姆所言："衡量实际投资风险的标准不是某只股票在某一特定时期相对于一般市场价格下跌的百分比，而是由于经济动荡或经营状况恶化所致的质量和盈利能力受损的危险。"

格雷厄姆警示说，市场更多地为当前收益而不是长期平均收益所主导。这一事实在一定程度上解释了普通股价格的大幅波动，而股价在很大程度上与收益在牛熊市中的变化是一致的。格雷厄姆还认为，股市会根据财报中披露的利润暂时性变化等比例地调整公司估值，这显然是极为不理性的。一家私营企业在繁荣时期的收益可能是萧条时期的两倍，但是它的所有者永远不会想到要相应地去增加或减少其所投资本的价值。在这种环境下，投资者面临的挑战是对盈利能力的变化是暂时性的还是永久性的进行评估。前者代表机会，后者代表价值陷阱。

公司的风险有两大来源：第一类风险来自公司的外部，最主要的是竞争加剧从而导致企业盈利下降或亏损，甚至长期亏损导致破产，或资产负债表不够稳健导致不能挺过经济下行周期从而破产的风险。第二类风险来自公司的内部，即管理层不合格的行为导致的公司盈利下降内在价值降低的风险。

5.3.1 来自公司外部的风险：竞争

公司外部风险来源主要有四大类，分别是国家政策的变化、经济发展的变化、技术的进步以及产业竞争强度的变化，这其中产业竞争的风险是最最主要的。

国家政策对公司的影响，这里最主要是指国家产业政策变化的影响。通常情况下，国家政策比较稳定，我们不需要过于担心这一点。但某些行业和公司受产业政策变化影响非常大，必须要引起我们的高度重视，比如游戏行业、教培行业等，政策变化对相关公司的打击可能是致命的。

经济发展状况是公司最直接感受到的环境因素，经济发展对公司的影响可以分为两大类：一是对公司发展速度和发展空间的影响，二是对公司经营成本和盈利水平的影响。经济下行对公司最大的风险是，如果公司的资产负债表不够稳健，公司可能挺不过经济下行周期而破产。

技术的进步对经济及公司的影响一般情况下是累积渐进的，但是如果出现重大的技术空破，技术就会对经济和公司产生全面的、革命性的影响，根本性改变公司的活动方式和生存状况。例如，柯达被数码相机打败，功能手机被智能手机替代，燃油车市场份额被新能源汽车占领。

产业竞争加剧是公司面临的最主要的外部风险，也是我们关注的重中之重。

竞争是利润的杀手，行业内的竞争将减少企业的利润，使企业的资本回报率下降。如果某个行业没有进入和退出壁垒，即在一个完全自由的市场中，竞争将一直推动资本回报率降低至竞争回报率的下限水平，即达到经济学家所谓的完全市场竞争的回报率，又称"自由市场回报率"，这个回报率与扣除了资本损失风险的长期政府债券收益率大致相当。公司投资者不可能长期容忍收益率低于这个下限，因为他们可以将资金投资于其他行业。如果公司的长期回报率低于这个下限，投资者就会选择退出这个行业。如果行业内存在的回报率高于经过调整的自由市场回报率，则会刺激资本进入这个行业，或者是新的公司进入，或者是行业内现有公司增加投资，资本流入驱使着整体行业回报率下降至自由市场水平。

根据迈克尔·波特（Michael Porter）的五力竞争模型，行业内公司竞争的激烈程度取决于五大竞争力，即现有竞争者之间的竞争、新进入者的威胁、替代产品或服务的威胁、买方的议价能力以及供应商的议价能力。这五大竞争力的合力决定了行业竞争的强度和最终的盈利能力。

1. 现有竞争者之间的竞争及新进入者的威胁

五大竞争力的合力决定了行业的盈利状况，但它们之间的重要性并不完全一样，现有竞争者之间的竞争和新进入者的威胁的重要性远超其他三种竞争力，以至于只要是寻求发展和追求制胜战略的领导者首先都会忽略其他力量而专注于这种力量——进入壁垒。进入壁垒的存在使得新公司难以进入市场，现有公司也难以扩张（这两点基本等同）。在竞争格局里，其他因素对公司获得成功的影响力都无法与进入壁垒相提并论。

行业内现有公司之间的竞争使用多项战略，包括价格竞争、广告战、产品引进、提升客户服务或者质量保证等。若一家或者多家公司感受到了行业的竞争压力，或看到了提升自身竞争地位的机会，使得公司之间的竞争就应运而生了。在绝大多数行业里，某个公司的竞争战略对其对手有着明显的影响，因而可能招致报复或者抵抗。这样看来，公司之间是彼此依存的关系。因为这种竞争对抗模式的存在，使得公司之间的博弈可能会改善整个行业的状况，也有可能使本来的局面恶化。如果公司之间的竞争行为和反应升级，行业内所有公司可能都会受到牵连，大家的日子都不会好过，整个行业也会前途黯淡。某些竞争，尤其是价格竞争是非常不稳定的。从盈利的角度来看，这会让整个行业陷入低谷。公司的降价行为若发生得迅速，竞争对手也会竞相模仿。除非整个行业的价格需求弹性很大，否则所有公司的利润都会锐减。而且，广告战会大大拉动需求，提升行业内产品差异化的程度，让所有公司都受益。某些行业竞争的典型特征是硝烟弥漫、苦不堪言或是见血封喉，而在其他行业里，公司之间的竞争可能不温不火、和风细雨。行业内部各大公司之间的竞争会因多个彼此作用的结构化因素的推动而变得日趋激烈。

而行业内的新进入者会给行业带来新的能力，背后也常暗藏着攫取市场份额的杀机。这些公司往往实力雄厚，它们的进入往往会产生两种结果：价格的下降或者当前成本的上涨，进而削弱公司的盈利能力，通过收购从其他市场进入行业的多元化公司往往利用自己的资源来上位。因此，通过收购进入行业和确立市场地位应被视为一种新公司的进入行为，尽管看起来市场上没有增加新的实体公司。某个行业面临的进入威胁取决于现存的进入壁垒，以及预期当新进入者到来时，行业内现有公司的反应。如果进入壁垒较高，或者新进入者可能感受到了老公司会对其发起强烈的报复来捍卫自己，进入威胁就会较低。最后一个概念是制止进入价格。

2. 退出壁垒和进入壁垒

虽然退出壁垒和进入壁垒在概念上不同，但是确定这两种壁垒的水平是行业分析不可或缺的步骤。退出壁垒和进入壁垒往往是相关的。生产过程中的规模经济往往与专业化资产紧密相关，专有技术与专业化资产也密不可分。

以退出壁垒和进入壁垒的简化模型为例，我们可以展开分析（见表 5.1）。

表 5.1　进入壁垒和退出壁垒简化模型

	退出壁垒低	退出壁垒高
进入壁垒低	回报率较低，比较稳定	回报率较低，风险较高
进入壁垒高	回报率较高，比较稳定	回报率较高，风险较高

从行业利润的角度来看，最好的情况是进入壁垒高而退出壁垒低。这样就可以阻止后来者进入，竞争不过的公司也会离开行业。若进入壁垒和退出壁垒都比较高，虽然盈利潜力比较大，却伴随着较高的风险；虽然可以阻止后来者进入，但是经营不善的公司将在行业内负隅顽抗。

进入壁垒和退出壁垒都比较低时，情况则不容乐观。最糟糕的情况是进入壁垒较低、退出壁垒较高。这种情况下，公司进入行业很容易，往往是受到经济形势良好或者其他临时好处的诱惑，当行业前景不好时，公司却不能及时退出，结果行业内的产能过剩，长期的盈利能力就很差。供应商或放贷者愿意为公司进入行业融资，但当公司进入后，往往面临着较高的固定融资成本，这就给整个行业造成了非常不利的影响。

3. 竞争的类型

竞争者众多，或者彼此势均力敌。行业内公司数目较多时，公司横空出世、独占鳌头的可能性更大。有些公司可能习惯性认为自己能在神不知鬼不觉的情况下从事竞争活动。即便在公司数目较少的行业中，若各公司在规模和公开资源方面都势均力敌、争斗惨烈，没有哪一方能占据资源优势开展坚决的报复，也可能造成行业的动荡。当行业高度集中或者由某家或者某些公司占领时，各方就能看清彼此的相对竞争实力。市场中的领导公司，无论是一家还是多家，都可以通过价格领先的方式，在行业中发挥重要作用。

在许多国家里，国外公司无论是从外部进入行业还是直接通过对外投资来参与竞争，它们在行业竞争中都扮演着非常重要的角色。虽然国外公司与本地公司在特征上有区别，但是国外公司应该获得和国内竞争者同样的待遇，这样才能更好地开展结构化分析。

行业增长幅度较慢。若行业增长幅度较慢，那些试图扩张的公司进入市场，参与市场份额的博弈，针对市场份额的竞争将变幻莫测。而在增长较快的行业里，公司只需跟上行业发展的步伐，发展就是水到渠成的事，财力和管理资源会随着行业发展同步增加。

高昂的固定成本或者储存成本。高昂的固定成本给所有公司带来了全面利用产能的巨大压力，往往会导致产能过剩，使业内出现多余的生产力。诸如纸和铝的原材料，生产企业就面临这个问题。固定成本与附加值的比例是成本的重要特征，而非固定成本占总成本的比例。虽然有些公司的固定成本占总成本的比例不高，但是外购的原材料占总成本的比例较高（附加值较低），那么这样的公司就特别想通过提高产能利用率来取得收支平衡。

有个明显的例子可以说明固定成本高的情况。在某些行业里，一旦生产出产品，就需要很高的储存成本。碰到这种情况，企业为了确保销售额，常常会被迫降价。这种压力将使整个行业的利润率下降，比如有毒化学品制造和服务业就属于这种情况。

缺乏差异化或不存在转换成本。当产品或者服务被视为商品或者商品的相似物时，买方所做的选择绝大多数取决于其价格和服务，这就容易造成行业价格和服务的竞争日趋激烈。这类竞争情况的不确定因素很多。相反，产品差异化为企业创造了避免竞争的隔离层，因为买方有购买偏好，且对特定的卖家表现出了客户忠诚度。转换成本也有同样的影响力。

产能大幅增加。因为规模经济的需要，必须在大型公司里提升产能利用率，增加产能就有可能影响行业的长期供需平衡，尤其是那些有可能突然大幅度提高产能的行业。行业经常会面临产能过剩或者价格战的情况，这些问题一直困扰着氨肥等产品的行业。

竞争者五花八门。公司在战略、渊源、特点及其与母公

司关系上互有差异。因此，公司目标的设定和开展竞争的方式
也有所区别。在行业竞争中，这些公司常常冤家路窄，不可避
免要发生正面冲突。公司很难看清楚对手的真正意图，也无法
心平气和地为行业设定公平的竞争规则。适合于某个公司的战
略选择，未必就能在其他公司中奏效。

　　国外公司的加入会让行业的竞争者状况变得更加复杂多
样。国外公司所在的环境不同，目标也各不相同。小型制造商
或者服务型公司可能集所有权和经营权于一身，因为它们都会
满足于投资资本获得的次优回报率，只要保证自己享有独立的
所有权即可。而这样的回报率，大型的上市公司往往不能接受。
在这样的行业里，小公司的存在和态度会制约整个行业的利润
水平。同理，若公司把产品销往市场只是为了利用自己多余的
产能（倾销就属于这种情况），这样的公司与那些把市场看成
第一位的公司相比，采用的政策就有所差别。此外，存在竞争
关系的业务单元与公司整体的关系是行业多元化的另一个重要
因素。比如，在具有多个业务单元的公司组织结构里，身为垂
直业务链一部分的部门与那些我行我素的公司的经营目标不
同，虽然两者都在行业内公平竞争。在母公司的业务组合中，
某个业务单元充当着"摇钱树"的角色，而其他业务单元可能
只是卧薪尝胆，希望争取长远的发展。对于这两类业务单元，
其行为就有很大差别。

　　战略利害关系非同小可。如果行业内有很多公司都孤注
一掷，为取得成功不惜一切，行业内的竞争就会更加激烈。例
如，为了深化公司战略，多元化企业可能非常注重在某个行业
内的成功。在这种情况下，这类公司不仅目标五花八门，还会
给行业注入不安定的因素，因为公司都在不断扩张，都愿意牺

牲盈利能力以实现自己的目标。

较高的退出壁垒。行业的退出壁垒是指即便是在公司的利润很低甚至亏损的情况下，依然会促使公司在行业内竞争的经济、战略和情感因素。退出壁垒的主要成因如下：

（1）专业化资产：专属于某个行业或者地理位置的资产的流动性价值较低，或者转移（转换）成本较高。

（2）退出的固定成本：包括劳动力协议、重新安置的成本、备件维修能力等。

（3）战略关联：业务单元与公司其他部门之间在公司形象、营销能力、金融市场渠道、共享设施等方面存在的关联，这类关联使得公司高度重视如何在业务领域内保持自己的地位。

（4）情感壁垒：管理层不愿意做出经济上合理的退出决定，因为他们认同这些业务，忠于自己的员工，害怕失去自己的事业、尊严等。

（5）政府和社会限制条件：涉及政府限制或者不提倡公司退出的决定，主要是出于对就业问题和当地经济发展的考虑。

当退出壁垒较高时，多余的产能不可能从行业中消失，而且无法在竞争中取胜的公司也不会轻易放弃。它们会苟延残喘，因为自己的弱势不得不采取极端手段，结果降低了整个行业的盈利能力。

4. 来自替代品的压力

广义上来看，一个行业内的所有公司在与生产替代品的行业竞争。替代品限制了一个行业的回报率，因为它们的存在，行业内的公司就不能漫天要价，即使能够盈利，产品的定价也有上限。替代品的性价比越高，行业的盈利状况就越吃紧。

需要公司格外注意的替代品具有如下特征：

第一，其性价比有超过行业产品的趋势；第二，替代品所在行业利润水平较高。

如果属于后者，只要替代品的开发能加剧行业的竞争程度，还能引起价格的下跌或者绩效的提升，那么替代品往往能快速上位。可以对替代品展开正面攻击，或者与之共存，分析这类趋势有助于确定公司应对替代品的战略。在安保行业，电子警报系统就是潜在的替代品。此外，由于安保行业是劳动密集型服务行业，所以其成本将不可避免会上升，而电子警报系统很有可能在性能提升的同时实现成本下降。因此，面对这种情况，安保企业正确的回应是提供保安和电子警报系统的配套服务，重新将保安界定为电子警报系统的专业操作人员，而不是替代电子警报系统的人员。

5. 买方的议价能力

买方在行业内主张降低价格，提升产品质量，要求公司提供更多的服务，挑起竞争对手之间的竞争，这些行为都会降低行业的营利性。行业内重要的买方集团的力量取决于市场的情况和特征，也受制于买方从该行业内购买的数量对其整体业务的重要性。如果下列情况属实，买方集团的议价能力就会很强大。

与卖方的整体销售量相比，买方购买数量较大或者比较集中。如果某个买方购买的数量占卖方销售量的比例较大，买方业务的重要性将得到提升。如果行业的特征是固定成本较高，则大量采购的买方就有很强的议价能力。比如，在谷物加工业和散装化工业中，全面利用产能的风险很高。

买方从行业内采购的产品占买方成本或者采购总量很重要的一部分。这种情况下，买方可能会利用必要的资源获得比较优惠的采购价格，或比较慎重地选择采购的产品。当行业出售的产品只占买方成本的一小部分时，买方的价格敏感度则往往较低。

买方从行业购买的产品是标准化或非差异化产品。如果买方确定自己能找到替代的供应商，就会利用其他供应商与其杀价。

买方面临的转换成本不高。转换成本的存在能帮助卖方锁定自己的买方。相反，如果卖方面临着转换成本，就能提高买方的议价能力。

买方盈利状况堪忧。利润率低会推动企业降低自己的采购成本。比如，克莱斯勒汽车公司（Chrysler Corporation）的供应商就怨声载道，因为供货条件实在太苛刻。如果买方盈利水平高，对采购价格的敏感度低（因为采购的项目占总成本的比例不高），它们就会从长远角度出发，努力帮助供应商实现长期而健康的发展。

买方实施后向一体化的可能性很高。如果买方实现了部分一体化，或者实现后向一体化的可能性很高，就有能力提高自己的议价能力，要求卖方让步。比如，各大主要汽车生产商，包括通用汽车和福特汽车，都把自主生产作为谈判价格的重要筹码。它们实施所谓的锥形一体化，即所需的投入要素部分从集团内部购入，部分从外部供应商购入。在这种情况下，买方对供应商形成了进一步一体化的威胁。此外，部分生产要素由买方内部生产，可以方便其理解成本，进而大大提升买方的议价能力。当行业内的企业明确表明要开展前向一体化进入买方的行业时，就有可能部分抵消买方的议价能力。

与买方生产的产品或提供的服务相比，行业内企业生产的产品无关紧要。当买方产品的质量受行业产品影响较大时，一般情况下，买方的价格敏感度更低。在存在这种情况的行业中，包括油田设备领域，产品功能故障可能会导致惨重的损失（墨西哥海上油井喷油保护装置失灵造成了惨重的损失）；而电子医疗中医学测试工具的包装质量有可能影响用户对产品质量和内部设备的印象与判断。

买方拥有全套信息。当买方知晓需求、实际的市场价甚至供应商的成本信息时，这通常给买方带来更强劲的议价能力。全面了解行情，买方就有能力确保它以最优惠的价格成交；当供应商声称自己无法生存时，买方可以有效地反驳。

有关买方议价能力的上述因素，绝大多数适用于消费者，也适用于行业或者买方。具体分析只要经过一定的调整即可。例如，消费者如果购买的是非差异化产品，产品价格相对收入而言比较贵，或者产品的质量对自己并不是那么重要，那么他们对价格往往比较敏感。

批发商和零售商的买方议价能力也受这些因素的影响，但有一点需要补充——如果零售商能够影响消费者的采购决定，那么就能大大提升自己对生产商的议价能力，比如在音响部件、珠宝、家电、运动品牌等行业就存在这样的情况。同理，批发商如果能影响零售商或者其他买方的采购决策，其作为买方针对卖方的议价能力也将大大提高。

6. 供应商的议价能力

供应商可以向行业中的企业提出抬价要求，否则就会降低产品或服务的质量。供应商凭借这样的威胁，能够发挥自己的议价能力。企业如果无法对出售的产品抬价，从而补偿采购原材料的提价损失，那么供应商强大的议价能力就有可能将行业的利润榨干。

提高供应商议价能力的条件恰好与提高买方议价能力的条件对应。如果下列条件满足，供应商就会具有较强的议价能力。

假如供应商所在的行业由几个公司控制，且行业集中度较高，则供应商的议价能力就强。如果买方所处的行业相对比较分散，那么供应商就有更强的能力影响价格、质量和供货条件。

供应商供应的产品没有替代品。如果供应商要面对替代品的威胁，就算本身规模巨大，其议价能力也会受到影响。

企业所在的行业并不是供应商群体的重要客户。当供应商面向很多行业，而某个行业的采购数量占其总量比例不高时，供应商就更有可能施加影响力。如果某行业具有供应商的重要客户，供应商的财富就与该行业紧密关联，供应商也就会很慎重地保护双方的关系，这样一来其供应的商品定价就比较合理，也能在研发等一类活动中出力。

供应商产品是买方业务的重要投入要素。供应商产品对买方的制造过程或者产品质量有着重要的影响，因而提升了供应商的议价能力。尤其当买方无法储存采购的产品时，买方无法建立库存，供应商就有更高的议价能力。

供应商群体生产的产品具备差异化特征或者产生了转换成本。产品的差异化或者买方面临转换成本，减少了买方借助其他供应商压价的可能性。如果供应商面临转换成本，结果则刚好相反。

供应商群体很有可能实现前向一体化。这就遏制了行业提升采购条件的举动。决定供应商议价能力的条件不仅会发生改变，有时候也会超出公司的控制范围。正如公司能够通过特定战略改变买方的议价能力一样，公司也能通过战略改变供应商的议价能力。公司可以加强其开展后向一体化的威胁，通过努力摆脱转换成本等措施来改变供应商的议价能力。

5.3.2 来自公司内部的风险：管理

公司内部风险产生的原因，除了管理层能力欠缺产生风险之外，更主要的原因是管理层利益与股东尤其是中小股东利益并不一致导致的。利益冲突使得管理层在公司的日常和重大决策之中采取有利于管理层而不是有利于股东的决策，其中最常见的是：

1. 盲目扩张

归纳起来，当公司决定使用资本的时候，它有三种基本选择：再投资、存放在公司账上以及给股东分红。

再投资就是进行扩张性资本支出，包括直接扩大公司的生产规模或者是进行收购，这是多数公司使用资本的主要方式。通常在考虑再投资时，管理层最感兴趣的就是扩张公司的规模，因为公司规模越大，管理层得到的薪酬待遇就会越多。我们当然不会反对增长，但需要确定公司所呈现的是合乎时宜的增长，或者说，是提升公司价值、拓宽公司护城河的增长，而不是旨在提升公司短期业绩，却有损公司长期价值的增长。

一个关键问题是，在追求增长的过程中，公司是否在偏离核心能力。在其他条件相同的情况下，我们希望看到公司追求它最擅长的业务。优秀的公司会持续地致力于创建或巩固其核心业务与竞争优势。但有些公司会频繁地从事核心能力以外的项目或交易，其目的是"分散"经营活动，或者降低业务的周期性。但这种交易会给投资者造成两方面的伤害。首先，投资者自己就可以利用其他证券来分散自己的投资组合，而且成本远比公司做分散投资低廉得多。其次，这样的交易增加了发生意外事件的概率，加剧了亏损的风险，也容易引发被并购公司之间的文化冲突。有的公司为了提升短期收益增长率而收购非核心业务，但他们对长期的价值创造欠缺考虑。

2. 关联交易损害公司利益

关联交易是一种常见的交易行为，一般不可能完全避免。但有些公司有非常频繁的关联交易，并且是频繁地牺牲股东利益，而一再地把公司的利益转移给朋友或家庭的公司。

3. 资产负债表不够稳健

不够稳健的资产负债表与外部经济周期下行所导致的恶劣环境相结合，可能导致公司面临重大危机甚至破产。

4. 财务造假

财务造假是一种相当常见的行为，造假给股东造成的损害是所有风险里面危害最大的。

5. 有能力分红但不分

理论上讲，给股东分红不一定是公司运用资本的最优选项。只要一项业务还能产生超过资本成本的经济利润，公司就应该将利润用于该项业务的再投资，直到它不再产生经济利润为止。接下来，公司才会考虑将多余现金以现金股利或股票回购的方式返还给股东。

但这里的问题是，很多公司有能力分红且不属于上述情况却不分红，而给公司造成损失或浪费。

不发放股利，利润保留在企业里，可能被管理层"挥霍"掉，股东没有从中得到应有的利益。当管理层的能力不足，使得公司经营的回报率低于行业内正常回报率的时候，留存下来的利润被用于扩大原本就没什么效率的公司业务，而不是设法让其向更好的方向发展。管理层往往会适时地建立起一个规模庞大但缺乏效率的王国，然后以他们做了更多，从公司成功地领取到更高的薪水。这样做的结果就是持股者最终所得到的利润微乎其微，甚至根本没有利润。

不发放股利，利润保留在企业里，资金被闲置，拉低了公司资产运营的效率，最终损害了股东的利益。这种情况下管理层储存的现金和流动资产远远超过了目前跟未来经营所需的量。管理层这么做或许并没有什么不良的动机，有些高级管理层需要从这种稳定积累起来的不必要的流动储备金中获得信心和安全感。他们似乎没有了解到自己获得这种安全感的代价是不能为股东创造出财富，而广大股东有权利以他们认为合适的方式来支配这笔财富。

5.4 来自投资者自身的风险

5.4.1 买价过高的风险

（1）存在买入价格过高风险的首要原因或前提是，包括市盈率估值法在内的所有估值方法都有局限性，难以对股票内在价值做出相对"准确"的界定。

价值投资要求其追随者在股票低估时买进，等待其高估时卖出。理论上，如果投资者能够对公司内在价值进行非常"准确"的界定，并且对自己的界定深信不疑，那么投资的进出场就会非常简单，我们只需估计出股票的内在价值，并且事先制定好安全边际（价格相对于内在价值折扣）多大时买进，以及价格超出内在价值多少时卖出的标准，然后坐等"市场先生"给我们提供报价就行了。然而，还是尤吉·贝拉所指出的那样："在理论上，理论与实践之间没有区别；但在实践中，两者千差万别。"想要准确估计出公司的内在价值，想要确认股价相对于其内在价值来讲是低估了还是高估了，从来不是一件容易的事情。

尽管我们已经确认了，市盈率法是我们估值最主要也最现实的估值方法，在很多时候它能给我们较为清晰的指示，但也有很多时候，单凭这样的一个数字，我们是很难得出清晰结论的。它的一些缺陷导致我们很多时候并不能简单地给出一个数字标准，比如说市盈率低于 16 倍或 10 倍，股价就是低估的；高于 16 倍或多少倍，股价就高估了。因为内在价值的含义是企业未来盈利的折现，而市盈率计算用的却是过去的盈利，这个根本的差异导致了用市盈率对股票进行估值时具有局限性。

首先，低市盈率并不表明是股票被低估了。以低市盈率购买股票并不意味着有安全边际。筛选低市盈率的股票可能会陷入"价值陷阱"，即购买了那些最好的时期已经过去的在走下坡路的行业和企业。如果按照屏幕上的市盈率排序从低往高看，更有可能会导致买入不太理想的公司。当持有一家劣质公司时，时间不是朋友，而是敌人——因为公司的潜在价值在恶化。如果买入低市盈率股是投资成功的关键，那么所有人都会很有钱。将投资限定在低市盈率股票上恰恰意味着放弃许多最好的投资机会。

其次，高市盈率也并不就说明公司股价是被高估了。在所有条件都相同的情况下，为一家公司支付的市盈率倍数自然是越低越好；为这家企业支付的费用越少，如果情况不如预期，市盈率下降的空间就越小。但这并不意味着以高市盈率购买股票就没有安全边际。对于一家潜力很大、盈利正在高速增长的公司来说，首先要问的问题是：今天的盈利是多少？今天的市盈率多大程度上反映了公司的价值？然后是公司三到五年后的盈利会是多少，三到五年后的市盈率倍数会是多少？一些最好的投资机会出现在投资者和分析师将通常的行业市盈率估值倍数应用于短期盈利时，这些盈利与公司未来可能出现的情况完全不符（完全低估了公司价值）。在这种情况下，短期市盈率倍数可能毫无意义。从未来盈利来看，今天看起来昂贵的股票实际上可能很便宜。因此，与其完全忽视或盯着短期市盈率，不如尝试确定该股未来的市盈率是否合理。由于复利的力量，尽管市盈率"看上去很高"，但那些能在数十年内保持成功的公司往往被低估。

（2）存在买入价格过高风险的主要或根本原因是，我们的情绪受到了整个市场氛围看涨的影响，更多地担心错失机会的风险，而不是损失的风险，在心理因素的影响下我们过高地估计了股票的内在价值（成长性），从而买进了估值过高的股票。

对于格雷厄姆和多德式价值投资者来说，他们不会为以盈利能力定价的股票的任何成长性买单。格雷厄姆写道："成长型股票的危险在于……由于受到市场的青睐，成长型股票的价格往往虚高,而对未来收益的保守预测将无法支撑其价格。"他们买进股票的市盈率要在 16 倍以下,甚至最好是 10 倍以下。

我们更喜欢有成长性的"好"公司。我们界定公司所在的行业处于高速发展之中,公司成长性很好,营收和盈利未来几年将会持续大幅增长,虽然公司当前的市盈率达到了 48 倍,高出 16 倍的标准 200% 的幅度,但相对于未来增长的盈利,当前 48 倍的估值并不高,甚至被大幅低估了。当前整体经济形势非常好,各行各业欣欣向荣,投资者信心显著增强,整体股票市场开始大幅上扬,形势一片大好。股价下跌的概率和幅度都不可能很大,公司回到 16 倍静态市盈率的可能性根本没有。为了不错失机会,我们等不及股价下跌,就抢先以 48 倍的静态市盈率买进了股票。然而,行业确实高速增长了,公司营收也呈现爆发式增长,增加了 2 倍,但由于竞争变得更激烈,整个行业的利润率下降了,公司利润的增速赶不上营收的增速,仅仅增加了一倍。股票市盈率则回落到了 16 倍的水平,公司利润翻倍了,股票绝对价格却跌去了三分之一。行业竞争格局稳定了,利润率不会再有大幅下降的可能,但整个行业经过高速增长后,后面迎来的是一段稳定时期,行业及公司的成长性都没有了。公司目前 16 倍的盈率变得"合理公允"了,但下跌后的股价也没有理由回到前期的高价了。

5.4.2 使用杠杆的风险

杠杆引入了一种"出局的风险"。

使用杠杆——借入资本买进证券——不会使投资变得更好,也不会提高获利概率,它只是把可能实现的收益或损失扩大化。很多人赞同使用杠杆,他们认为杠杆是中性的,是一把

"双刃剑"。可惜的是杠杆这把双刃剑带来的好处与危害程度
却是高度不对称的。因为盈利时获得的好处是有限的，而失败
时则会有导致全盘覆灭的风险。如果你加了 1 倍的杠杆，做对
了你的盈利会上升 1 倍，但得到的快乐不会加倍；如果失败了，
整个投资归零，你的痛苦会是你成功了获得的快乐的无数倍。
如果你提高杠杆的比例，使得成功时盈利的倍数增加，但这同
时提升了全盘覆灭的概率。投资是一个剩者为王的游戏，保持
留在场内不出局，比一时多赚钱要重要得多。

第 6 章
如何控制风险

纪律！纪律！纪律！

控制来自投资者自身风险的方法：严守纪律，坚决不使用杠杆，同时与大众保持距离！

控制内在价值（利润）下降风险的方法首先是对利润做保守的估计，考虑经济周期波动。周期性的股票是最为典型的案例，优秀的周期性公司在经济状况好时的利润可能是其低谷时的好几倍，而成本高竞争力差的周期性公司的利润波动范围更大，甚至在周期低谷时更可能是大幅亏损的。如果我们错误地以经济状态较好时的收益作为估值的基准，看到估值"很低"而冲了进去，我们很可能要遭受损失。对于周期明显的股票，我们应以它一个完整周期内的平均利润而不是以某一年的利润作为估值的基准。同时，我们要关注周期类公司当前每股收益（EPS）与 10 年平均每股收益的关系。如果一只股票根据当前收益（而非平均收益）来看是"便宜"的，那么投资者则需要对它格外小心，因为这类股票面临更大的风险，即收益下降而非价格上涨会令该类股票变得不像表面看上去那样廉价。对于非周期类的公司，在对未来的利润做出预估时，我们也要采取保守的方案，考虑经济下行对公司利润可能的影响，不要让乐观的预期左右了头脑。

6.1 如何控制来自公司外部的风险

6.1.1 只在长坡厚雪的行业中寻找机会

除对利润做出保守估计并考虑经济周期波动外，控制利润风险更主要的是下注在能长期持续增长的潜力股上，那么什么样的股票长期来看会有十倍甚至更高的潜力呢，应该考虑哪些因素呢？查理·托马斯·芒格（Charlie Thomas Munger）讲：钓鱼的第一条规则是在有鱼的地方钓鱼，钓鱼的第二条规则是记住第一条规则。股票市场的鱼在哪里呢？在长坡厚雪的行业中。

1. 长坡——行业空间

所谓的行业空间是指该行业未来的增长空间、增长模式以及目前所处阶段。浅水里养不出大鱼！行业空间是首先要考虑的。没有长坡，雪再厚也滚不出大雪球。杰里米·J. 西格尔（Jeremy J. Siegel）在《投资者的未来》（*The Future for Investers*）中整理了 1957—2003 年美国股市回报率最高的 20 家公司，其中消费品行业占据了 11 家，而制药企业占据了 6 家，二者合计占了 20 个名额的 85%。这首先得归功于消费品、制药行业是大行业和大市场，而且都是面向全球而非单一的美国市场。只有行业空间足够大，才能让这些公司近 50 年持续保持增长，这 20 家公司中每股利润增速最小的公司有近 46 年的年利润复合增速达到了 6.2%。

行业空间可以从四个维度来分析：所处阶段、周期性、永续性以及天花板。

第一，所处阶段：判断该行业处正处于哪一个阶段。

（1）空间看似很大但非常不确定的早期。

（2）行业消费爆发、商业模式成型或者技术突破后的高速发展期。

（3）稳定增长期。

（4）发展停滞期。

（5）前景不明期（未来有可能被别的行业替代）。

第二，周期性。

从人口周期、宏观经济周期、货币信贷周期、房地产周期、产能投入周期、库存周期等角度，判断该行业是否具有明显的周期性，以及该行业处于周期中的哪一个阶段。

第三，永续性。

在未来（20 年或 30 年后）该行业继续保持增长的可能性。

第四，天花板。

天花板是指企业或行业的产品或服务趋于饱和，达到或接近供大于求的状态。

（1）已经达到天花板的行业——极度饱和的行业。

（2）产业升级创造新的需求，旧的天花板被解构，新的天花板尚未或正在形成的行业。

（3）行业的天花板尚不明确的行业。

我们可以从公司和行业报道中，通过以上三点来了解一家公司的行业地位和未来想象空间。重点是明确：一是行业是否有天花板；二是面对天花板，企业都做了哪些准备来应对。

2.厚雪——竞争格局

雪球要滚得大，不仅需要足够长的坡，即行业空间大，还得雪要厚，也就是行业的利润必须得丰厚，才能滚出大雪球。

然而想找到雪一直很厚的长坡并不容易，因为丰厚的利润会吸引资本入局，引发激烈的竞争，而竞争是公司盈利的杀手。

并非所有行业都有相同的盈利潜力，五大竞争力的合力不同，决定了不同行业的最终盈利能力也不同。通过对五大竞争力的分析，我们可以找出未来有可能持续盈利的行业。

成为一个聪明的投资者，最大的好处就是让整个世界都成为你的财源。你不一定要投资行业 A 或行业 B，你可以在这个投资世界里自由自在地翱翔，你可以对自己不喜欢的东西置若罔闻，随心所欲地去做自己想做的事。如果你想用拥有护城河的公司构建自己的投资组合，这样的自由就显得至关重要，因为在某些行业里，挖掘护城河显然要比其他行业更容易。

这一点太重要了，所以这里还要不厌其烦地重复一遍：有些行业竞争过于血腥，因此，要在这样的行业里打造竞争优势，管理者非得具备拿诺贝尔奖的水平不可。而在另一些行业里，竞争却不那么激烈，即使是普普通通的企业，也能保持说得过去的资本回报率。作为一名投资者，在那些管理者只需要稍加努力便可成功的行业里，投资回报就来得有点容易了；但在管理者要跨越艰难险阻才能看到曙光的行业里，要成为长期的胜利者，显然就难上加难了。

在技术领域，我们可以看到，相对于硬件企业，软件企业更易于建造护城河。这不仅是数字上的问题，硬件企业本身就更侧重于资本密集，这两大类产品的使用方式是造成这种差异的直接原因。一种软件通常要和其他软件结合在一起才能发挥作用，而这种结合就锁定了客户，更增加了客户的转换成本。硬件的采用则更依赖于通用的行业标准，而且硬件的升级也不需要费什么事。当然，也会有例外情况。但是就总体情况而言，和硬件企业相比，我们更容易在软件公司里发现护城河。

6.1.2 只投资在具有竞争优势 / 护城河的公司上

谁能享受利润的增长——竞争优势 / 护城河！

竞争优势 / 进入壁垒 / 经济护城河。

进入壁垒的存在意味着现有的在位企业能够做到潜在新进入者无法做到的事情，这就是竞争优势的定义。因此，进入壁垒和在位竞争优势实际上是一个问题的不同表述。经济护城河是指企业可持续的竞争优势。因此，竞争优势、进入壁垒、经济护城河本质上表达的是同样的东西，只是在不同的场合我们可能习惯于用不同的词语来表达。

公司盈利依靠两种方式：一是管理层高效经营；二是具有竞争优势 / 护城河。

优秀的公司关键是具备构筑与公司商业模式相应的竞争优势 / 经济护城河。不同行业不同商业模式的优秀公司所具有的经济护城河类型通常不一样。有了护城河，企业就更有可能随着时间的推移，安全稳健地增加其内在价值，因此，即使你按相对较高的估值买进这些股票，其内在价值的增长也能确保你的投资收益相对安全。而没有经济护城河的企业，一旦其竞争力遭受顿挫，它们的内在价值就可能呈直线式下降。

6.2 如何控制来自公司内部的风险

6.2.1 研究管理层的背景与行为

1. 所有权结构

这家公司的所有者是谁？这是一个简单的问题，但该问题可以揭示出很多管理层和董事会决策的背后原因。在分析一家公司的所有权结构时，要考虑它是否属于家族控股、内部人控股、政府控股或多数股票由其他公司持有。

2. 管理层的背景

评价公司管理层的背景，看他们是否适合所在工作岗位。要考虑管理层的相关经历及阅历、他们以往的职业记录以及其他任何反映他们管理能力的因素。

3. 管理层的决策

管理层的决策是否符合股东的利益？管理层的决策是否增加了公司短期的收益，却损害了公司长期的盈利潜力？

4. 执行

一家公司因为遭受霉运打击而业绩不佳，并不代表管理层就不优秀。重要的是，在带来价值毁灭的事件中，管理层的作为在其中起到怎样的作用。

5. 财务杠杆

管理层所做的有关资本结构的决策对股东权益、经营风险以及股价波动率都有深远的影响。要小心那些杠杆率与其业务线不相符的企业。比如，如果一家公司处于资本密集型行业，且其经营具有明显的周期性，那么管理层理应避免使其承担过大的债务压力，因为这样会加剧业务的内在波动性，使股东权益资本承受风险。但如果一个处于稳定成熟行业中的公司既没有债务，也没有再投资的需求，这样的资本结构也不能为公司实现股东利益的最大化，因为这家公司本可以通过债务融资来降低其资本成本。优秀的公司在资本结构上一般都能长期保持债务与股权融资间的适度平衡。

6. 红利与股票回购政策

在实际过程中，如果不能达到理想的状态，那么相比不发放或少发放股利，我们更倾向于多发放股利的公司。因为股利的发放不仅在于回报股东的问题，还有更多其他方面的意义。这使得我们对发放股利不利的结果（在优秀的成长性公司早期需要资金扩张，如果发放股利然后再去融资，存在有税等的成本问题）完全乐于承受。

第一，股利再投资是股票投资完美情形三要素之一。

第二，发放股利可以"佐证"公司财务报表的真实性。定期发放现金红利可以称为公司经营业绩的测谎仪，通过现金流的真实流出，减少业绩作假的可能，进一步提高上市公司财务数据的真实性，是公司优秀的证明。上市公司定期分红对公司本身也有巨大意义。在信息不对称的情况下，投资者难以了解上市公司真相，公司通过红利政策不仅可以向市场传递当前盈利能力的信息，还代表着对公司未来发展前景的信心。这也是一种公司形象的宣传，保持较为稳定的红利支付率的公司也更易受到市场的追捧。

第三，现金分红可以减少违法违规行为危害。有些上市公司长期不分红最后被大股东掏空退市，中小股东一无所得。分红可以让中小股东利益固化，大股东等掌控的资产减少，通过"隧道挖掘"可以盗取的利益也会减少。

促使股价向内在价值回归。

对不同的公司来说，理想的红利政策也各有不同，但它们的共同之处应该具有一致性、可承受性和透明性。

一致性：公司董事会可能通过协定目标红利支付率或偿

债保障比率来决定公司常规的或特别的红利支出，也可能选择采取与盈利变化相一致的红利支付方式。但不管怎样，理想的红利政策应该是稳定的，而不是随经营环境时常变化的。

可承受性：红利政策应与公司长远的业绩目标相关联，应为公司留存足够的现金以满足对价值增值项目的投资所需。在其他条件相同的情况下，相比于处在防御型行业的公司，处在周期型行业的公司应抽取更小比例的盈余用于红利发放。换句话说，公司的红利支付比率应与公司年度利润的可预测性同向浮动，以此保证更大的安全系数，反之亦然。

透明性：我们认为，打定了主意要将大部分年度盈余以红利方式发放出去的公司，应该在年报中明确披露其确定好的红利政策。

7. 管理层薪酬

公司董事长或总经理的薪酬过高，可能意味着这位领导人对公司的内部决策有着非常强的管控力。正如传奇的投资人菲利普·A. 费希尔（Philip A. Fisher）在他那本名为《普通股与不普通的利润》（*Common Stocks and Uncommon Profits*）的书中所言："如果一号人物的工资比二号、三号人物的工资高出非常之多，那是值得警惕的信号。"

相比之下，我们更愿意看到高管的现金薪酬体系能够激励领导团队投资于价值增值及拓宽护城河的项目。薪酬计划与长期业绩挂钩也很重要。毕竟，很多明智的战略投资，都需要在多年内不断地进行资本投入、研究与开发、耗费大量的营销费用，才能见到成效。如果经理们的薪酬与短期盈利和现金流紧密关联，他们在牵头决策中会更倾向于放弃长期价值增值的项目，以减少短期的费用支出。

8. 关联方交易

如果公司和与公司管理层或所有者存在外部关系的当事人发生商业往来，这便构成关联方交易。这一因素通常不会发挥太大作用。但是对于那些频繁地牺牲股东利益，而一再地把公司利益转移给朋友或家族的公司，我们会直接将其剔除我们的股票池。

9. 会计行为

有过会计欺诈历史的公司，不会进入股票池。

10. 与股东的沟通

那些能让自己站在公司顶层的高层管理者通常都是具有高超的沟通能力的人，他们很会美化自己以及公司的现状。由此，投资者在倾听管理层的言谈或阅读其书面语言时通常要留个心眼，理解在字里行间隐藏的信息，读出言外之意——特别是在公司遭遇困难的时候。如果高层坦白地承认自己犯了战略性错误，那我们要鉴别坦白的时机，评估公司是否即将面临大的挑战。一般来说，在公司情况糟糕的时候，管理层与股东沟通时所说的话会比公司情况好的时候更为可信。另外，我们不愿意看到公司时常发生修正公告信息的事件，因为这通常是业绩不好的公司在玩弄戏法，会让投资者对资本配置决策的评估有失公允。

6.2.2 回避财务不够稳健的公司

公司破产的原因，除经营不善持续亏损等原因外，最主要的原因有两个，都跟资产负债表有关。第一，公司资产负债率过高，使用了太高的杠杆，没能扛过经济下行周期。第二，资金期限错配，借短投长，当融资环境发生变化，公司不能顺利借新还旧发生资金断裂时，公司破产的风险就大大增加。从这两方面来看，银行股似乎是所有股票里投资风险最高的行业了，高杠杆率和期限错配被它们用到了极致。

怎么排除有破产风险的股票，采用阿特曼 Z-score（Altman's Z-score）模型进行分析是一个简单的方法，若某公司的 Z 值小于 1.8，我们就将它移出股票池。虽然这个方法并不是完美的，也许有很多公司的 Z 值确实小于 1.8，但是它们实际的资产负债表 / 财务风险并不大，把它移出股票池可能是一个错误。但这个错误是我们愿意承受的，市场上好股票太多，我们的目的并不是找出每一只好股票，但必须保证我们池子中没有特别差的股票。

阿特曼于 1968 年提出了阿特曼 Z-score 模型，即使用五个简单的比率对破产进行预测。

$$Z=1.2X_1+1.4X_2+3.3X_3+0.6X_4+0.999X_5$$

X_1= 营运资本 / 总资产。用以衡量流动资产与公司规模的关系。

X_2= 留存收益 / 总资产。用以衡量反映公司成立年限和盈利能力的收益情况。

X_3= 息税前利润 / 总资产。用以衡量在不考虑税收和杠杆的情况下的经营效率，它表明营业利润对企业的长期存续至关重要。

X_4= 股本市场价值 / 总负债账面价值。该比率增加了市场维度，可以作为一个提示证券价格波动危险的可行信号。

X_5= 销售额 / 总资产。衡量周转情况的标准指标。

若企业的 Z 值低于 1.8，那么它在未来很有可能会破产。

虽然这仅是个开端，但是这个方法对于识别潜在问题企业甚是奏效。

6.2.3　检查公司的财务报表

有大量合法而光明正大的会计方法，这些方法有时会欺骗考察者的思维。当一家公司宣布运营取得进步时，可能只是改变了报表的一些数据。因此，我们需要了解如何识别激进的会计方法，以避开使用这些方法的公司。而比激进的会计方法更恶劣的则是整个的财务造假。

因此，了解潜藏欺骗的会计信号能解救我们许多财务方面的痛苦。其实它也没有那么难。我们也许需要一名注册会计师才能弄懂一个激进或者欺骗的公司是怎样夸大财务成果的，但是我们不用成为一个财务专家就能识别会度欺骗的警告信号。只要避开充满危险信号的公司，在证监会调查它们时，我们就不会因为买了这些公司的股票而被它们欺骗。识别它们，有简单的八个指标或者说八个危险的信号，虽然有些公司尽管出现了下面这八个问题中的一个或几个，但最终显示公司财务是清白的。在对这些公司以及我们的资金做出决定之前，要确信我们已经彻底调研了它们。

1. 衰退中的现金流

也许会计学的官样文章会弄得我们头晕，但有一件很简单的事情我们所有人都能做，就是观察现金流。随着时间的流逝，经营性现金的增加应该预示着净利润的增长。如果我们看到经营性现金流减少而净利润还在大踏步地增长，或者是经营性现金流的增长比净利润的增长的速度缓慢，就要保持警觉。这种现象意味着该公司正面临不能及时收回销售收入现金的情况，而保持警觉是避免路上爆发危险的良方。即使我们什么都不做，也要像鹰一样注视着现金流。

2. 连续的非经常性费用

对公司频繁发生的一次性费用和记录要保持警惕。公司的这种做法导致其历史财务资料模糊不清，因为每一项非经常性费用都有一个很长的解释，而且通常有各种各样的成分影响不同的账户，如果我们想要得到年与年之间可比的账务结果，所有这些都需要调整。更重要的是，频繁发生的非经常性费用是一个公开的会计诡计，因为公司能在重组的费用中隐藏了大量的不良信息。非经常性费用的理论基础是相当含糊的，这意味着对管理层而言有相当大的可以允许的误差。当一家公司花费一大笔重组费用时，它通过把未来的费用摊进现在的费用中提高了未来的业绩表现。换句话说，拙劣的决定需要未来几个季度付出代价，比如，一个不成功的产品需要停产，一个臃肿的部门裁减员工需要支付遣散费，所有这些可以全部揉进本季度的简单的非经常性费用，这就提高了未来的业绩。

如果我们偶然遇到一家公司有频繁的重组费用，不要忽略这一点，哪怕公司哄骗说盈利是把非经常性费用扣除后的数字。如果一家公司陷入一个足够深的洞中，它需要一个季度又一个季度的非经常性费用把事情校正过来，这些非经常性费用其实是改进业务的正常费用。

3. 连续的收购

公司做大量的收购是有问题的，它们的财务资料被改写和重写了很多次，已经很难知道哪一次收购是最后一次。就像置身于一个泥潭，收购确实增加了公司的风险，公司可能会在未来的某个时候报告出一个令人惊奇的丑闻,因为收购公司想要击败竞争对手,常常无法花费很多时间核查它们的目标企业。

4. 财务总监(首席财务官)或审计师离开公司

如果一名财务总监因为某些似乎很离奇的理由离开公司,或者无法说明理由,我们应当保持警惕。对一位财务总监来说,像其他高级管理人员一样,他的调出调进本来很正常,但是如果一位财务总监离开一家已经被怀疑会计账目有问题的公司,我们就应当认真思考情况是否比眼前所发生的事情更严重。同样的情况适用于公司的审计师。如果一家公司频繁地更换会计师事务所,或者一些有潜在性损害的会计问题已经暴露出来,应保持警惕。这种情况对公司自己来说也许不是重要的事情,但是它明确地告诉我们对某些事情要认真关注,公司已经显示出其他警告性信号。

5. 大量增加的应收账款

没有比公司成长更让市场喜欢的了,而且公司总是长时间尽一切可能地保持销售增长尽可能快。一个给公司增长率打气的隐秘途径就是放宽消费者信贷的期限,这就诱导客户购买更多的产品和服务。

这里的骗局是指即使公司已经记录了销售收入并因此增加了收入,但消费者还没有为该公司的产品付钱。如果有相当多的消费者不付钱,而且宽松的贷款周期也许吸引了一些财政上不稳定的消费者,这个被打满气的增长率回过头来可能又会以会计价值的低估或者增加费用、减少盈利的方式拖累公司。

我们要跟踪那些相对于销售收入增长过快的应收账款,二者之间的对比可以说明一些问题。如果销售收入增长 15%,

与此同时应收账款增加 25%，说明公司记录的销售收入增长比它们消费者那里收到的现金增长要快（记住，应收账款测量的是已经销售但还没有收到贷款的货物。）作为一般规则，绝对不应该出现长期的应收账款比销售收入增长快，这种情况下公司付出的钱（像产品成本）比收到的钱（通过现金付账）多。

在赊销货物之前，要观察"坏账准备"，这实际上是指公司能承受多少可能从消费者那里收不回来的货款。如果这个数字没有和应收账款同步增长，公司就是过分乐观地估计了消费者付款的情况，人为地推高了它的财务表现。

6. 变更赊销付款条件和应收账款

检查公司财务报告提到的任何对消费者变更赊销付款条件的文字（有财务报表附注里有对此的解释），同时要找到公司管理层对为什么应收账款有改变的解释。

7. 大量增加的存货

当存货比销售收入上升快的时候，在这个区间段就有麻烦了。有时当公司准备投入市场一个新产品的时候，这个累计增高只是暂时的，但更多时候不是这样。当一家公司生产量比销售量多的时候，或者因为产品需求已经枯竭，或者因为公司在预测需求上过于雄心勃勃。无论如何，没有卖出去的货物最后必须要卖出去，也许是以某一折扣出售或者将货物核销，这将产生大量的减值损失。

8. 不好的变更

公司能使它们看起来更好的另一种方法是改变财务报表的假设。作为一般的惯例，你应该用怀疑的眼光去看待任何随意的改变，某些会计变化是由规则的制定者授权的，这些改变提高了财务报告的成果。导致这些改变的动机，可能就是为了粉饰公司业绩。

一个可以变更的科目是公司的折旧费。如果一家公司假设一项资产比如一座建筑物或者工厂可以耗损 10 年，它就应该每年从盈利中减去建筑物(或者折旧)1/10 的价值。你可以设想，折旧的时限越长，对利润的冲击越小。因此，如果一家公司突然决定一项资产有更长的使用寿命并延长它的折旧年限，这本质上是把成本计算推延到将来并把利润膨胀起来。

公司也能变更它们的坏账准备。如果坏账准备没有与应收账款的增长率同步，就等于这家公司认为它的新客户比以前的客户更值得信任，但这是完全不能想象的。如果坏账准备随着应收账款的上升而减少，那么说明这家公司更深一层地歪曲了事实。在任何情况下，如果有比公司所预计的更多的消费者卷入了赖账的情况，这就意味着公司当前的财务成果被夸大了。

公司还可以变更一些基础要素，比如费用如何记录、收入何时确认（这些是会计的灰色区域）。我们通常可以在财报的"主要会计政策摘要"部分得到这类信息。一家公司选择变更，本质上是为了减少费用或增加收入，要保持警觉。除非这些变动是会计规则制定者要求的，否则公司也许正试图掩盖恶化的财务状况。

6.3 如何控制来自投资者自身的风险

约翰·邓普顿（John Templeton）："在别人沮丧地抛售时买进，在别人兴奋地买进时抛售需要最大的勇气，但它能带来最大的收益。"

基金经理解密股票投资体系

　　投资者最大的敌人就是他自己。当股票价格上升时，投资者很容易变得乐观；而当股价下跌时，他们又很容易陷入恐慌。要成为成功的投资者，我们就要学会战胜人的天性。正如沃伦·巴菲特反复告诫人们的，我们需要"在别人贪婪时恐惧，在别人恐惧时贪婪"。

　　没有任何一条法则能够告诉我们，在股价上下波动的时候，是否应该买入、卖出抑或继续持有。孤立地观察股价变动，我们根本不知道接下来它会怎么变化。真正重要的是，股票价格与其内在价值相比呈现出怎样的关系。比如，假定我们评估出一家公司的内在价值是每股 100 元，并且股票正以 80 元的价格进行交易。有消息表明，这家公司的长期利润率可能比我们及其他投资者之前估计的还要高出很多，同时股价上涨了 20%，达到每股 96 元。是不是说这只现在 96 美元的股票比它之前 80 元更贵呢？表面上看来似乎是这样的，但事实是，我们缺乏足够的信息来回答这一问题。这就如同问你一只每股 500 元的股票是不是比另一只 50 元的股票更贵——我们需要参考内在价值才能让股价的比较变得有意义（500 元的那只股票经过 1：10 的分拆之后，明天就可以变成一只 50 元一股的股票）。

　　假使例子中那家公司的内在价值估计值因更高的长期利润率预期获得了 30% 的提升，达到每股 130 元，那么会出现什么情况？在这个例子中，价格 / 公允价值的比率从 0.80 下降到 0.74——该股票实际上在以相对于内在价值更大的折价进行交易，意味着此时的预期收益率比利润率没有提升时的预期收益率更高。类似地，该原理可运用于股票价格下跌的情况——

基于当下所有可获得的信息，真正重要的是比较新的价格与内在价值。没有内在价值做基础，投资就会变成一场与碰运气无异的游戏。

对投资者来说，在决策中排除个人情绪的能力构成一项显著的优势，使得投资者的投资业绩能够超过个人投资者的平均水平。想让自己的情绪得到有效的控制，要秉持一种务实的时间尺度来看问题。市场识别一只股票的价值也许要花上 3 年甚至更长的时间。偶然发生的外部事件——比如 2008—2009 年席卷全球的金融危机——可以暂时使一只低估值的股票变得更加低廉，即使该公司的长期现金流前景并不因该事件受到实质性的影响。

6.3.1 普通大众跟随"市场先生"追涨杀跌

有效市场理论广泛地在学术界人士以及部分投资者之间流行。有效市场理论认为金融市场是有效的，试图超越市场平均回报率是徒劳的。取得市场回报是投资者所能希望的最好表现，试图战胜市场的人将承受高额的交易费用等，反而输给市场。价值投资者认为很多时候市场的定价是无效的，从而为投资者创造了低风险盈利的机会。格雷厄姆对这种观点做出了最好的表述，它假定一个"市场先生"存在，作为一个有用的伙伴，"市场先生"在每个交易日都时刻准备着以自己所定的价格买进或者卖出各种股票。他免费提供这项服务，有时市场定价在一个你既不想买进也不想卖出的水平上。但是，"市场先生"常常失去理性，有时会变得很乐观，只会看到公司的有利影响因素，以高出股票价值的价格买入；有时又变得很悲观，只会看到公司和世界的负面因素，以远低于股票内在价值的价格卖出。

由于"市场先生"的非理性，股票价格会不断地出现大幅度的价格波动，因此，市场参与者会对从这种价格大幅变动中获利的可能性感兴趣。有两种可能的获利的方法——择时方法和估价方法。择时是指努力去预知股市的行为——认为未来走势是上升时，购买或持有股票；认为未来走势是下跌时，出售或停止购买股票。估价是指尽力做到股票报价低于其公允价值时买入，高于其公允价值时卖出。

在"恐惧""贪婪""从众"以及"嫉妒"等各种心理因素的影响下，大量市场参与者以预测为基础强调择时交易，即选择跟随"市场先生"追涨杀跌，在高价时买进，在低价时卖出。他们错误地以"市场先生"为投资指导，好像他知道得更多（实际状况是那个"市场先生"什么也不知道，其只是市场里千万个并不总是被投资基本面所推动的买卖者的集体行动的产物）。当他们看到"市场先生"降低某一证券的价格时，往往忽略了其非理性，也不顾自己对其内在价值的评估（或者他根本没有对股票进行内在价值的评估）而仓促卖出所持有的股票。在另一些时候，他们看到"市场先生"提高价格，于是便信任其线索，以更高的价格追进。"市场先生"的每日波动也为投资者的最近决定提供了反馈。对一个最近的买入决定来说，价格的上涨提供了正面的强化效果，下跌则提供了负面的强化效果。如果你买入了一只价格随后上涨的股票，你会很容易就被"市场先生"提供的正面反馈影响评判。你也许开始相信这只股票比你之前认为的更值钱，于是便忍住不卖，实际上，这是让"市场先生"左右了你的判断。你甚至可能预测"市场先生"的未来行动而决定更多的买入这只股票，只要价格看起来可能继续上涨，你也许选择拿住它，或许甚至忽略其恶化的企业基本面或降低内在价值。类似地，当你买入了一只价格随后下跌的股票，多数投资者自然会变得焦虑，他们开始担心"市场先生"也许比自己知道得更多，或许他们最初的买入评估是错误的。人们容易感到恐慌，并在错误的时候卖出股票。选择择时交易的市场参与者最终将成为一个"交易所的小投机手"。他们不关心股票的内在价值，估值风险（买进价格过高的风险）是他们面临的主要风险。

6.3.2　价值投资者利用"市场先生"低买高卖

与普通大众相反，价值投资者以内在价值为基础选择估价方法，即选择利用"市场先生"。股票价格因为两个基本原因而上下波动，即反映公司实体状况（或投资者对它的感觉），或者反映供求关系的短期变化。一只股票的价格上涨并不代表其公司运作良好，也不代表有相应的内在价格的上涨。同样，价格下跌就其本身并不一定反映公司发展发生逆转或者其价值发生退化。区别股票价格的波动和相应的公司实体对投资者来说是非常重要的。如果价格的下跌与内在价值无关，仅仅是由于市场的非理性，则价值投资者利用这个非理性以低于内在价值的价格买入票，并在价格达到甚至高于内在价值时卖出。价值投资者自己独立思考，不被市场左右，在股票价格之外看到相应的公司的价值，并且总是把对两者的比较作为投资过程的一部分。

6.3.3　与大众保持距离

约翰·邓普顿："在别人沮丧地抛售时买进，在别人兴奋地买进时抛售需要最大的勇气，但它能带来最大的收益。"

价值投资者的目的是以低于股票内在价值的价格买进，并在其被高估时卖出，因此从本质上看，价值投资就是逆向投资，成功的关键在于与大众保持距离。不受欢迎的证券可能被低估，而深受欢迎的股票几乎永远也不会被低估。如果一只股票人人都喜欢它，那么它有这样的一些特征。

（1）可能是因为它一直表现很好。多数人倾向于认为，迄今为止的优异表现能够预示未来的优异表现。但事实上，迄今为止的优异表现往往是因为借用了未来的概念，因此它预示着未来的表现较差。

（2）很有可能价格已经高到受人追捧的水平，增值空间可能相对较小。当然，从"估价过高"到"估价更高"是有可能的，但价值投资者不会把希望寄托在这种事情上。

（3）很有可能这一领域已经被彻底发掘，资金流入过多，便宜货所剩无几。

成为一名价值投资者往往意味着和少数群体站在一起，挑战传统智慧，并反对时下流行的投资风格。但接受逆向投资（价值投资）的概念是一回事，把它应用到实践中则是另一回事。投资者可能发现很难成为逆向投资者，主要有这样的一些原因。

因为要同人群对着干，逆向投资者在一开始的时候几乎都是错的，很有可能在一段时间内蒙受账面上的亏损。

跟着人群一起操作的那些人几乎总是在一段时期内是正确的，逆向投资者不仅是在最初的时候是错的，同其他人相比，他们可能有着更高的出错率，且错误维持的时间可能更长。

同人群对着干内心总是不安的，因为它的对立面跟着人群一起操作内心是安心的。为什么？因为大家都在这样做。

由于影响市场的各种因素的易变性，没有任何工具（包括逆向投资）是完全靠得住的。

逆向投资并不是一种让你永远稳赚不赔的方法。在大多数情况下，没有值得下注的过度市场。即使市场过度发展，记住，"估价过高"与"明天就会跌"完全是两码事。

市场可以被高估，也可以被低估，并且能够将这种状态维持一段时间甚至若干年。

不利走势会令人非常痛苦。

此外，仅仅做与大众相反的投资是不够的。考虑到刚刚提到的逆向投资的各种困难，我们必须在推理和分析的基础上，辨别如何脱离群体思维才能获利。我们必须保证自己在进行逆向投资的时候不仅知道它们与大众的做法相反，还要知道大众错在哪里。只有这样，我们才能坚持自己的观点，在立场貌似错误或损失远高于收益的时候，才有买进更多的可能。

最终获利最高的投资行为是逆向投资，即在所有人卖出时买进，因而价格很低，以及在所有人买进时卖出，因而价格很高。但它可能是一项非常孤独的任务，在市场高估期延长的时候，一名价值投资者的表现可能不及其他投资者或者整个市场，甚至更糟。

因此，投资成功需要坚定的立场，即使它因为与群体共识存在分歧而令人不安。价值投资者面临的最大挑战就是保持寻找便宜货所需严格遵守的纪律。投资者只有拥有来自强健决策程序的果断决策的自信，才能卖出过度投机的股票，买进估价过低的股票。

第 7 章
竞争优势 / 护城河

宽阔的护城河才是企业成功的关键，而非优秀的管理层！

7.1 竞争优势的类型及相关战略

真正的竞争优势只有四种类型，分别是供给侧竞争优势（有竞争力的成本）、需求侧竞争优势（客户锁定）、规模经济与客户锁定相结合以及源于政府干预的竞争优势（监管）。

7.1.1 供给侧竞争优势：有竞争力的成本

如果行业里，客户的采购决策行为取决于商品的价格，那么成本优势的意义非常重大。成本优势的来源可以分为两大类：一类来源于规模经济，另一类则与规模经济无关。来源于规模经济的成本优势必须与需求侧客户锁定相结合才能构成真正的竞争优势。这里我们主要是指与规模经济无关的成本优势。

如果行业内现有公司拥有潜在的进入者无法模仿的成本优势，这种成本优势与其规模大小或者已经获得的规模经济效益无关，由于新进入者无法复制该低成本结构，因此，在当前的市场状况（价格与销量水平）之下，现有企业能够获得诱人的回报，而潜在新进入者由于更高的成本结构无法做到。这种竞争优势使得大多数明智的公司打消念头，决定不进入现有公司的市场。如果有些盲目乐观的公司非要尝试进入市场，那么现有公司可以利用其低成本结构,提供比新进入者更低的价格、更频繁的广告、更好的服务等进行反击,将其逐出市场。最终,新进入者将失败离场,并且给有类似想法的公司留下前车之鉴。

行业内现有公司拥有成本优势的原因主要可能来源于以下四种:技术壁垒、独特的资源优势、有利的地理位置或政府补贴。

1. 技术壁垒

专有技术或经验曲线构成了技术壁垒。技术壁垒可能造成两种结果:第一种情形是完全阻止了竞争对手进入,因为竞争对手绕不开专利,也找不到替代的技术,暂时没有能力生产出产品来竞争,从而使得公司拥有产品的定价权。第二种情形是使得公司的生产成本比竞争对手低,从而使公司获得竞争优势。

受到专利保护的产品或工艺流程是专有技术最基本的形式。在专利保护期,这样的保护是较为全面和彻底的。侵犯专利会受到的惩罚以及相关法律费用会使得试图进入市场的公司面临很高的甚至无法估量的潜在成本。但是专利有到期日。因此,以专利为基础的成本优势具有时间限制。

在生产工艺特别复杂的行业里,学习和积累经验是降低成本的主要途径。公司生产某种产品积累了经验后,会出现产品单位成本下降的趋势。经验只是特定技术变化的另一种说法,其不仅适用于生产过程,还适用于分销、物流等职能领域。

对于大多数化工和半导体行业的生产工艺,良品率会随着时间的积累、生产流程和原材料方面的诸多细微的调整而得到大幅提升。更高的良品率意味着生产成本的直接降低,还会间接节省质量控制方面的成本。这样的一系列调整还减少了生产环节所需的人工和原材料投入。在生产上锲而不舍、精益求精的企业可以沿着学习曲线持续改善，保持比大多数专利所能提供更为长久的成本优势，并领先于业内的竞争对手。在一些劳动强度高、任务复杂或安装操作复杂的业务领域中，通过经验降低成本显得格外重要，如飞机制造业和船舶制造业。在产品开发的初期和成长阶段、规模递减的后期阶段，经验对降低成本的重要意义几乎是普遍存在的。经验导致的成本下降也往往成了规模经济效益的成因。

但是和专利一样，这种基于学习和经验的专有成本优势在可持续性上也存在与生俱来的限制。这在很大程度上取决于技术进步的速度。如果技术进步很快，那么由于生产工艺本身的过时，基于此的学习经验及成本优势也会失去意义。因此，在如半导体、半导体设备、生物技术等技术发展迅猛的行业里，成本优势的寿命比较短。另外，如果技术进步随着行业成熟变得缓慢，那么竞争对手终将获得领先的在位企业习得经验。

拥有专利保护或者工艺（成本）优势的公司，应想尽办法强化这些优势，同时利用这些优势定价。

技术壁垒型公司关注的要点具体如下。

（1）公司拥有的专利什么时候到期？

（2）公司拥有的专利的多样性。

（3）专利产品推广出去的市场潜力有多大，成功的可能性有多少？

（4）产品专利到期后，竞争对手进入这个市场的难度会有多大？有时，甚至在产品专利到期后，竞争对手也会对是否进入市场犹豫不决，因为仿制品是有难度的。比如，生物制药公司在专利到期后面临的仿制压力要小于传统制药企业面临的压力，因为生物药的研制更加困难，临床试验及产品营销费用也更高。

（5）专利产品的潜在替代品有哪些？如果市面上已经出现有效的替代品，专利产品并不具备护城河价值，也不具备定价能力。如果产品处于更新换代迅速的市场，专利成为护城河驱动因素的意义相对较弱。

（6）公司有没有可以带来成本优势的独特的生产工艺流程？是否可量化这种由生产工艺流程所创造的成本优势？这种工艺是否可复制？虽然基于工艺流程的成本优势最终是可复制的，但是凭借其超常的生产工艺流程运营几十年的公司也是存在的。要维护这种成本优势，公司就要对潜在的新进入者保持警觉，因为它们是从零开始的，因而更容易采取先进的生产流程。

2. 独特的资源优势

通常来说，由商品类公司享有的可以持续的成本优势源于独一无二的世界级资产。如果公司拥有的矿藏类资源的采掘成本低于其他资源生产商，那么，这家公司就会拥有巨大的竞争优势。因为自然资源来自大自然的馈赠，人类无法创造。这里的一个例外可能是钻石，人工培育的钻石随着技术的进步可以比天然钻石更有竞争力，因此这个诊断成立的前提条件可能是，把单价特别贵的商品排除。

资源优势型公司关注的要点具体如下。

（1）公司是否拥有或控制着优质的地质储量？

（2）优质储量是否具有稀缺性？

3. 有利的地理位置

行业内现有公司可能很早就看准了有利的地理位置，不会等到市场发掘这些地理位置真正的价值、抬高价格后再出手。

和建立在过程基础上的成本优势相比，这种成本优势更具持久性，因为地理位置更加不容易复制。这类优势在大批量的商品行业更为常见——这些产品通常具有较低的价值重量比（价值 / 重量），且消费市场接近于生产地。运输成本肯定会影响一家公司的竞争地位，特别是对于那些产品具有低的价值 / 重量之比的公司。比如，因为黄金上个月高昂的单位价值，在运输黄金时，运输成本就显得微不足道。相比之下，某些建筑材料比如石灰水泥之类的一吨可能只值几百元。在这样的情况下，靠近潜在客户的生产厂家就比远离客户的厂家具有明显的成本优势。

地理位置优越型公司关注的要点具体如下。

（1）公司是否受益于低廉的运输成本？

（2）运输成本与总成本及产品价格有着怎样的关联？

（3）相比竞争对手，其运输成本有何不同？

4. 政府补贴

优惠的政府补贴会给现有公司在某些业务领域里带来长久的优势。

依靠政府补贴取得竞争优势的公司的关注要点。

（1）政府补贴能否持续。

（2）其他公司有没有可能得到政府的补贴。

虽然成本优势可以成为公司竞争优势强大的源泉，但是不同类型的成本优势在持续时间上不尽相同。

（1）一流的自然资源无法复制，几乎无法打败的最持久的竞争优势。

（2）地理位置优势带来的竞争优势也具有很强的持久性，拥有地理位置优势的公司往往可以形成局部垄断。

（3）但通常情况下，基于过程的优势需要当心，因为这样的优势纵然能持续一段时间，也是因为暂时性因素导致竞争对手无法效仿它们的过程。一旦这些限制因素消失，竞争优势就会变弱，甚至消失。

7.1.2 需求侧竞争优势：客户锁定

如果行业内现有公司有能力使得客户在某种程度上被其锁定，新进者入无法将忠诚的客户挖走，则现有公司便具有需求侧的竞争优势，在竞争中处于优势地位。尽管新进入者可以通过大幅降价甚至赠送产品来吸引客户试用，也可以将自己的产品与其他产品捆绑销售以增加吸引力。但新进入者无法在相同的条件下像现有公司一样吸引客户。除非它能找到某种方法，以大大低于现有公司的成本生产产品或者提供服务，但这种可能性很小。

但单凭传统意义上为公司树立产品高质量形象的广告并不足以提供上述优势。因为其他公司资金实力足够的话，同样可以建立和维护一个品牌，这样现有的公司并没有竞争优势，也就无法通过进入壁垒来阻止潜在的新进入者进入市场。

客户被商家锁定主要有四个原因：习惯与品牌、转换成本、网络效应以及搜寻成本。

1. 习惯与品牌

购买特定品牌的商品是一种习惯。当客户经常购买同一品牌的商品，购买行为足够频繁且实际上是自动进行，形成了既难以理解又不易破坏的忠诚时，这种习惯就形成了客户锁定。

由于需要购买足够频繁，因此这种行为更多的是出现在价值低的小商品比如啤酒、牛奶等饮料上，而不会出现在冰箱、空调等大件耐用商品上。大多数人乐于购买新品牌的汽车。人们购买电脑硬件时，更主要是根据它们的价格、性能和可靠性进行选择，而不是特别在意品牌。

习惯通常是局部的，这表现在它只和企业的某个产品而非全部产品相关。

这里需要注意的是，单纯的品牌并不一定会给其所有者带来竞争优势。只有购买特定品牌商品的习惯锁定了客户，使其愿意支付高价，并且公司通过高价以及销量提高获得的收益高于所投入的成本，该品牌才能形成竞争优势。

因为品牌的创建和维护都需要成本，如果不能通过定价权或重复购买等形式创造收益，或创造的收益低于创建和维护品牌的成本，那么这种品牌就无法创造竞争优势。一个不能带来定价权或促进客户购买力的知名品牌，不管人们对它有多熟悉，都不具有竞争优势。例如，航空运输业，不管是东方航空，还是南方航空，人们对这样的品牌耳熟能详，但这并不意味着他们愿意为东方航空或南方航空公司支付更高的票价。不考虑座位等级、里程计分及行李费用，我们多数时候只会基于成本做出购买决定。因此，航空公司的盈利能力并不是很强，大多数航空公司缺乏可持续的竞争优势。

品牌关注的要点具体如下。

（1）如何量化公司品牌的实力？公司品牌包含多少定价能力？相对于竞争对手，公司在产品定价上可收取多高的溢价？

（2）高定价是否会被高成本抵消掉？相较于竞争对手，有些公司的确会收取更高的费用，但这只是反映了公司更高的生产成本。一个真正具备护城河价值的品牌，必须享有定价能力，并且这一能力不会被高成本完全抵消掉。

（3）与那些不具强势品牌的对手相比，公司的利润率有怎样的不同？这可以作为定价能力的信号。

（4）哪些方面会给你带来信心，让你相信公司的品牌实力、溢价能力及经营利润率在未来较长时间内仍可持续？品牌时起时伏，在确定竞争优势时，可持续性是最为重要的因素。

2. 转换成本

当客户需要花费大量的时间、金钱和精力才能更换供应商时，他们实际上已经被现有供应商锁定了。客户从 A 公司的产品转向 B 公司的产品省下的钱，低于进行转换所产生的花费，它们的差额就是转换成本。转换成本属于费用支出，表现形式可以是时间的代价、遇到的麻烦、付出的金钱或承担的风险。

在信息化时代，软件是我们最容易想到的高转换成本产品。更换软件的转换成本令人望而却步。除了要花费必要的额外金钱和时间，更换任何新软件都可能提高出错率。当涉及软件的功能对企业的运营十分关键时，如订单输入、收货、开发票、发货、记录档案或银行交易，除非面临系统崩溃导致的业务中断风险，几乎没有公司愿意放弃现有软件，即使新软件能够极大地提升效率。这种转换成本由于网络效应变得越加沉重。如果你的软件必须与别人兼容，那么只要别人不换软件，你就很难更换软件，即使新软件在某些方面性能更为优越。为了确保可持续的兼容性，更换软件的成本变得更高，而且一旦新软件无法很好地与现有软件兼容，就可能造成灾难性的后果。

转换成本是多种方式的，比如与客户业务的结合，财务成本和重新培训时间成本等。软件并非客户转换成本巨大，进而让现有公司比潜在新进入者更具优势的唯一产品或服务。只要供应商必须花费很多时间和精力理解新客户需求的方方面面，那么对于客户而言就一定存在转换成本。

如果转换行为带来偏高的失败风险，或者顾客总的操作成本远远高于产品或服务的成本，那么高转换成本就可以作为公司特别重要的护城河来源发挥作用。

转换成本关注的要点具体如下。

（1）有哪些转换成本和转换收益？在可选产品间进行比较，看相互间的转换成本与价格差别谁大谁小，这是检验公司可否从转换成本中获益的最好方式。

（2）客户的现有资产与工艺流程是否与特定供应商的产品相关联？如果客户改换供应商，是否需要特别的培训？客户如果改换供应商，需要提前多长时间才能适应？如果客户改换供应商，它的业务受损会有多严重？回答这些问题有助于理清转换所带来的影响。有时，我们很难量化转换成本，但资产专用化程度越高，培训需求越大，转换适应时间越长，转换行为对客户公司业务的影响程度越大，客户的转换成本也就越高。

（3）公司的合同续约率有多高？高的顾客转换成本通常意味着公司能与现有客户保持高的合同续约率。

3. 网络效应

网络效应本质上来讲应属于转换成本的一种，但是由于它比较重要和特别，所以使得它经常被单列出来讲。网络效应，是指一家公司的产品或服务随着用户数量的增加而变得更有价值，这样就会吸引更多的用户，从而进一步提高网络的价值，最终形成一个良性循环，即用户越多价值越高，价值越高用户越多。

网络效应是一种正反馈机制，不同类型的网络在反馈方式上有很大差异，因此，并非所有的网络效应都是一样的。有的网络效应更强，有的则差一些。建立在网络基础上的企业，更易于形成自然垄断和寡头垄断。因为网络本身就是稀缺之物。

与以有形资本为基础的行业相比，网络效应在信息类或知识转移型行业中更为常见。之所以出现这种情况，是因为信息是经济学家所说的非排他性商品。大多数商品在某一时刻只能由一个人使用。如果我从东风公司买了一辆卡车，那么，在我用这台辆卡车运输货物的时候，其他任何人都不能使用它（这种物品被称为排他性商品）。但我们可以同时使用微信聊天软件，一个人使用微信并不妨碍其他人的使用，实际上，使用这些网络的人越多，它们的价值也就越大。

网络效应关注的要点具体如下。

（1）要明白产品或服务的价值是如何随着越来越多的用户和供应商加入而增加的。真实受益于网络效应的公司，通常会讲得出一个清晰、有逻辑的故事，用以说明价值是如何随着

用户及供应商数量的增加而增加的。定量的证据可以帮助印证
这一结论。

（2）公司如何从自己的网络中获取收益？很多互联网公
司随着用户数量的增加，其服务价值也在增加，从这一点来看，
这些公司拥有很强的网络效应。但不幸的是，有些公司始终不
能从自己提供的服务中获取足够的收入。公司有能力通过订阅、
广告、收费等方式获取足够的收入，这很重要，只有这样它们
才可以为投资者带来效益，才能确保公司有资金对网络进行再
投资。能够从网络效应中赚取足够的收益，这是公司构筑起狭
窄或宽阔的护城河的必要条件。

（3）假设产品或服务的价值随网络发展而增加，但公司
的供应商和用户是否具有强大的议价能力？公司必须与供应商
及用户分享多少价值？有时，供应商及用户具备议价能力，因
为公司需要它们来提升网络的价值。如果公司处于议价的弱势
方，它可能没有能力从自己的网络中获取足够的收入。

4. 搜寻成本

当寻找可接受的替代品或服务的代价高昂时，客户就被
绑定在现有的供应商上了。

当产品或服务非常复杂、个性化，且对客户十分重要时，
较高的搜寻成本是一个不可忽视的问题。对于公司而言，其产
品或服务越专业化和个性化，其客户寻找替代品的搜寻成本就
越高。专业服务就属于这一范畴，其涉及大量人与人之间的沟
通交流。

总而言之，习惯、转换成本和搜寻成本创造了需求侧的
竞争优势。与供给侧或成本方面的竞争优势相比，需求侧的竞

争优势更为普遍和强大。不过即使是需求侧的竞争优势，也会随着时间的流逝而慢慢消失。新的客户与任何公司都没有联系，可以被任何公司获得；现在被锁定的客户最终都会离开，他们可能搬家了或者离开人世。在青少年消费品市场上，现有的消费者会不可避免地长大成人，而新一代的青少年，也就是之前的儿童，则不属于任何品牌。这一过程随着生命周期不断重复，给客户锁定的持续时间加上了一个自然的期限。

拥有忠诚消费者的公司应当想办法采取措施来加强与客户的关系，例如：

（1）增加原有产品的功能和服务来提高转换成本。

（2）更新换代或租赁计划增加购买频率，来强化客户的购买习惯。

（3）扩大服务范围或者使服务内容复杂化，以及提高现有顾客的满意度，来提高客户的搜寻成本。

（4）采取积极的定价策略，在可能的时候提高价格。

7.1.3 规模经济效益与客户锁定相结合

持久的竞争优势来自供给侧竞争优势与需求侧竞争优势的相互作用，即规模经济效益与客户锁定相结合。

1. 什么是规模经济

规模经济是指一家公司生产的产品越多，其单位平均成本就越低。真正的规模经济存在于那些固定成本高于单位变动成本的产品中，而且这些单位变动成本不随产量的增加而增加。生产的产品越多，单位产品承担的固定成本越少。规模经济几乎存在于企业的所有职能领域中，包括生产、采购、研发、营销、服务网络、销售团队的利用和分销等。

规模经济关注的要点具体如下。

（1）公司是否受益于规模经济？特别是。哪些成本是固定的，并且能带来杠杆效应？有什么定量的证据，与产量较少的竞争对手相比，该公司受益于更低的单件成本？

（2）该公司是否受益于范围经济？公司成本是否会随产品种类的增加而得到降低？有什么定量的证据表明，相比于生产品类较小的同行，公司有着更低的单件成本？有些公司为满足不同用户对不同产品的需求，花费大量财力用于多品种的研发支出及流程改造。

2. 规模经济需与客户锁定相结合才能形成竞争优势

规模经济是成本方面的壁垒，但是单纯的规模经济并不能完全构成竞争优势，只有当规模经济与使公司在市场上占据主导地位的消费者需求优势结合起来时，才能构成完整的竞争优势。

如果新进入者和现有公司拥有相同的获客渠道，新进入者就有可能发展到现有公司的规模。如果一个市场里的所有公司都有平等的获客渠道和同样的成本结构，而且现有公司和新进入者以相似的条款售卖类似的产品，那么这个市场通常会被市场参与者相对平均地瓜分。

因此，要使规模经济效益成为竞争优势，现有公司享有一定程度的客户锁定是必须条件。对于一家运营效率正常的现有公司，如果它能够在价格和其他营销条件上与其竞争对手匹敌，那么由于客户锁定的存在，这家企业就能够捍卫自己占优势的市场份额。虽然新进入者可能运营效率较高，但是它们无法达到现有公司的规模，进而在平均成本上也永远是较高的。

如此一来，现有公司能够压低产品的价格，迫使竞争对手无利可图而自己仍然实现盈利，进而提升自己的市场份额。由于现有公司享有客户锁定这个优势，新进入者无论如何也达不到现有公司的规模，永远是规模经济效益的受害方。所以，哪怕只有一定程度的客户锁定，只要和规模经济效益相结合，就会变成强有力的竞争优势。

3. 规模经济效益带来的竞争优势取决于领先公司与其竞争对手份额的差异

规模经济效益带来的竞争优势并不取决于公司的绝对规模，而取决于领先公司与其竞争对手在市场份额上的差异。如果随着公司产量提升，平均单位成本下降，那么只要小公司的业务规模追不上大公司，即使它能够平等地获得同样的技术与资源，也无法在成本上与大公司竞争。由于上述成本优势，大公司可以让自己在营利性很好的价格水平上出售产品，小公司会因受制于更高的单位平均成本而亏损。

4. 小市场更容易体现规模经济优势

一个简单的例子可以解释为什么在小市场比在大市场中更容易获得竞争优势。对于一个位于人口只有十万人或更少的小城市而言，其需求只能支撑一家大型商场的存在。如果另一家商场进入了这个小市场，那么两家商场都没有足够的客流来支持自身的盈利。如果其他影响因素相同，那么新来的商场也不可能把现有商场挤走。所以对于新商场而言，最好的选择就是不进入这个偏远小城市的市场，也就不会对现有商场的垄断地位造成纷扰。

与偏远小城市形成鲜明对比的是上海的市中心。这个大市场可以支撑很多个实质雷同的大型商场。即使是一个实力强大、财源充足的在位商场，其阻止新商场进入市场的能力也十分有限。换句话说，现有商场无法基于相对于竞争者的规模经济效益建立有效的进入壁垒。由此类推，中等规模与密度的城市市场在建立和维持进入壁垒方面介于大城市与小城市之间。这个规律既适用于地理上的市场，也能够在产品领域得以应用。比如，相较于处于大市场的通用计算机企业，位于细分市场的专用计算机企业更容易获得规模经济效益并由此获得利润。

即使一家公司在绝对规模上不够大，但只要在市场的某一局部超过其竞争对手，一样能形成强大的优势。实际上，对于一个仅能维持一家公司盈利的市场，企业可以呈现近似于垄断的状态，因为其他公司为挤进这个市场而耗费资本，在经济上是没有任何意义的。

5. 保护规模经济效益要坚决保护市场份额

纯粹的规模并不等同于规模经济效益。规模经济效益的本质是，市场中的主导公司能够把固定成本分摊到比其竞争对手更多的产品上。创造规模经济效益的是相对的市场份额，而不是绝对的规模。因此，基于规模经济的竞争优势与市场份额紧密相关。相较而言，基于客户锁定和成本优势的竞争优势并不受失去市场份额的影响。

为了保护自身基于规模经济效益的竞争优势，公司必须坚定捍卫自身的市场份额。任何市场份额的损失都会削弱公司在平均单位成本上的优势。因此，对于享有规模经济效益的公司而言，最好的战略是与竞争对手挑衅的做法保持一致，以降价对抗降价，以新产品对抗新产品，以细分市场对抗细分市场。这样一来，客户锁定甚至仅靠客户惰性就能帮助现有公司保住优势的市场份额。新进入者的平均单位成本在抢占份额的任何一个阶段都高于现有公司，尽管现有公司的利润率也会受到损害，但新进入者的利润率会更低，并且经常低到不可持续的水平，于是现有公司的竞争优势最终会得到保护，虽然曾经面临直接攻击。

7.1.4 源于政府干预的竞争优势（监管）

如果政府的政策使竞争对手很难甚至不可能进入市场，比如政府为一家或几家公司颁发许可证，允许它们从事某种业务，而将所有其他公司都排除在该业务之外，那么，政府的这些政策就成为现有公司可持续竞争优势的来源。烟草、电信、电力公司是这方面的典型案例。

最理想的状况是，公司的经营类似于一家垄断企业，但所受到的政府管制又不在价格方面。

一家受政府政策保护的公司应当采取的策略是，将价格提高至合理的水平，同时在尽可能的程度上，即在法律允许的范围内，将资金和管理力量用于强化政府对竞争的限制措施。

政府监管关注的要点具体如下。

（1）有利的监管是否存在不利的抵消因素，比如价格管制或服务强制措施？

（2）未来的监管有怎样的发展趋势？

（3）发生不利于公司的监管政策变动的风险有多大？

7.2 部分行业护城河类型

7.2.1 金属与采矿业（大宗商品生产企业）

这些公司生产的是同质化的产品，对下游用户来说价格为王，因此，低成本是这类公司最主要的竞争优势来源。

评估金属与采矿业 (大宗商品生产企业) 的关键因素如下。

（1）公司是否拥有或控制着具备优势的地质储量或其他自然资源？考虑的细节因素有矿产等级、采剥比或表土含量、开采方法、工艺要求以及回收率，高等级矿品或其他优质自然资源的稀缺性如何。

（2）公司能否从规模经济中获益？哪些成本是固定的，会产生多大的杠杆效应？如果与行业中其他企业相比，公司的个别资产具备更高的生产能力，它就可以利用这一资产获得较高的产出，以此来分摊固定成本，其单件成本就会更低。如果公司在一个不大的地理区域拥有大量的产能，也能够带来规模经济，只是公司需要把单个的生产性资产有机地整合起来，如同单一工作或矿区一样实现成本与资源的共享。

（3）公司能否从低运输成本中获益？运输成本在总成本或产品价格中的占比有多高？由于运输成本很难改变，那些靠近客户的厂家会比远离客户的竞争者更具明显的成本优势。

（4）公司面临的政治体制是有利，还是不利？公司是否比行业中的其他厂家支付更多的特许费和税费？资产在未来被部分或全部没收的风险有多大？相反地，政府是否会帮助公司维护持续的成本优势，比如设立进入壁垒？由得天独厚的自然资源产生的经济租金，最终是流向上市公司的股东，还是流向政府？

7.2.2 饮料业

饮料业（包括软饮料、酒类饮料等）想要获得持续的超额收益则需要拥有广泛受分销网络支持的强势品牌。大的饮料公司能从以下的良性循环中获益：品牌越响亮，它们越能够有效地投资营销方案、罐装设备和供应链运作，这又进一步刺激了公司未来的增长和利润。对于许多饮料品种来说，品牌忠诚度也很高，因为忠诚度降低了顾客的搜寻成本。品牌忠诚度使得饮料公司有能力进行产品线扩张，同时采用不同的包装规格来满足不同渠道和不同饮用场合下人们的需求。强大的饮料品牌享受着品牌溢价，有助于公司维持较高的投资资本回报率。

评估饮料公司的关键因素如下。

（1）相对于竞争者，公司品牌能否带来价格溢值？

（2）分销系统被复制的难易程度如何？

（3）未来几年，公司品牌是更有可能损害还是能维持或提升市场份额？如果市场份额正在萎缩，这可能意味着竞争加剧或定价能力遭到削弱。

（4）良好且稳健的利润率和投资资本回报率可能预示着该公司具备成本优势，且其分销网络、罐装设备及供应链运营很有效率。

7.2.3 制药业

在制药业，专利期一般能存续 20 年，毫无疑问这会成为公司护城河的最重要来源。虽然药品开发时期消耗了一些专利独占期，但是药品一旦获得审批通过，药企便可收取垄断性的价格。在发达市场，专利到期后药品价格通常会下降90%，为维持护城河，公司必须不断开发出新的受专利保护的药品，以抵御仿制药的竞争。然而，在新兴市场，品牌比专利更重要，专利独占期结束后很长时期，品牌药品仍可维持其市场份额。

评估大型制药企业的关键因素如下。

（1）公司有多强的新药开发能力？将专利失效药带来的

冲击与新药销售预测两者结合起来，可作为确定公司抵御仿制药竞争能力的代理变量。从定性角度来看，过去药品开发的成功率也会影响新药获得审批通过的概率。

（2）考虑到监管机构在新药审批上的重要性，药企有必要关注政府部门对于新药创新的态度及支持力度。虽然政府采购很重要，但是大型团体采购和新兴市场的个人购买同样重要。

（3）销售收入中有多大比例来自生产工艺复杂的药品？生物制剂和疫苗不仅具有专利保护期，且其制造、销售及获得监管审批方面的难度也给竞争者带来额外的进入壁垒。

（4）如果公司是在传统药领域之外进行经营，那么它在这些领域的竞争优势有多大？比如，动物健康药品市场、常用药品市场、疫苗市场、非专利药市场和新兴市场可能存在独特的进入壁垒，不允许人用药品的随便进入。

7.2.4 软件业

软件业一般可分为两大类：基础类和应用类。

对某些软件公司来说，网络效应是经济护城河的主要来源。由于用户安装了事实上已成为行业标准的软件，这类应用软件的用户越多，网络效应就越大。

基础软件公司也可以从高的转换成本中获得超额经济收益。涉及核心关键内容的基础软件往往需要按客户的要求定制，提供操作指导及培训，这会大大地增加客户的转换成本。把自己的基础软件嵌入客户的核心关键工作流程中，软件公司就可树立起巨大的进入壁垒，劝阻客户更换软件。借此，软件公司就可以赢得高的续订合同率，创造出类似年金的收入流。

对于提供软件即服务（software as a service，SaaS）的软件

公司，规模经济是带来竞争优势的另一项重要因素。考虑到这些业务需要高额的资本支出，一般采取较低价位的订阅模式（相对于永久许可模式），规模经济对于公司获得资本回报很有必要。没有充足资本来源的公司难以在这个细分领域竞争成功。此外，软件公司的经济护城河还来源于无形资产，这其中包含知识产权及政府规制。

评估软件行业的关键问题如下。

（1）软件嵌入客户的核心关键业务职能的程度越深，转换成本越高。该款应用软件是通用性的还是根据客户要求定制的？更换现有软件所需要的成本或资源是否比继续支付维护费或订购费更高？

（2）是否存在由软件用户或开发者组成的网络效应？因为某产品有最多的用户，有最大的潜在市场，所以开发商才决定开发这一款应用程序或平台吗？

（3）随着越来越多的软件公司开始把软件作为服务提供给客户，规模经济成为一项重要的考虑因素。基于云的计算、作为服务的基础设施、作为服务的平台，每一项都需要大量的初始投入和持续的资本支出，这样才建造及经营得起数据中心。高昂的成本会阻碍小规模竞争者的进入，它们缺乏足够大的客户基数来收回初始投入成本。

（4）公司是否拥有能在市场上为产品带来优势的专利、知识产权和品牌？

第 8 章
如何找到十倍股：价值投资实践流程

好公司 + 好价格 = 好股票

8.1 找到长坡厚雪的行业

长坡即行业空间相对而言更好判断，关键是雪厚，即什么样的行业具有较为丰厚且稳定的利润。一般而言，雪厚的行业具有以下三个特征：一是公司间的市场份额相对而言比较稳定，总体变化不会特别大；二是各公司的盈利情况总体而言较好，产品具有相对较高的毛利率或公司具有相对较高的净资产收益率等；三是行业内的现有公司具有竞争优势。其中，前两个特征是判断第三个特征即行业内公司是否具有竞争优势的具体证据所在。

8.1.1 公司间市场份额的稳定

（1）如果公司之间总是存在相互从对方那里夺得市场份额的现象，那么它们都不太可能享受到竞争优势的保护。相反，如果每个公司都长时间地保有自己的市场份额，那么应该是竞争优势在保护它们各自的市场地位。

（2）公司在市场里相对地位的稳定性也是一个重要方面。如果占主导地位的公司在相当长的时间里保持其领先地位，那么这一事实表明竞争优势存在。如果无法确定是谁主导市场，或者占据第一位的公司经常变化，那么就可能表明没有任何一家公司享有可持续的竞争优势。

（3）公司进入和退出某个细分市场的历史状况也是一个有用的线索。公司进入和退出越频繁，留在市场的企业的相对地位变动越剧烈，市场里的竞争对手越多，就越不可能存在进入壁垒和竞争优势。相反，市场内公司数量越少、越稳定，现有公司就越可能享受到进入壁垒的保护，并从竞争优势中获益。

8.1.2 市场里公司的盈利情况

如果一个市场里的公司能够维持显著超过其资本成本的回报率，那么大概率这些公司会从进入壁垒和竞争优势获益。在缺乏竞争优势的市场里，新进入者的到来会使现有公司失去超出资本成本的回报。

行业里可持续的超额回报可能仅由一个占支配地位的公司享有，或者由少数几家公司由于拥有享有。它们由于拥有相对于规模较小的竞争对手的竞争优势，因而能够维持高于资本成本的回报率。

衡量盈利能力的方法有很多种，同业务产品比较最直接的指标是毛利率，能够跨行业进行比较的指标是净资产收益率或投入资本回报率。

8.2 确认竞争优势的来源，找出竞争力最强的公司

如果行业内公司市场份额稳定性与盈利情况的分析结果是一致的，那么行业很可能存在进入壁垒。接下来，我们要做的是找到行业进入壁垒或公司竞争优势的类型。行业里占支配

地位的公司是受益于供给侧的竞争优势，还是需求侧的竞争优势，抑或是规模经济与客户锁定相结合？如果是，那么更进一步分析主要是受益于哪一类或哪几类更具体的竞争优势？如果上述情况都不存在，那么现有公司是否受益于政府监管造成的政策优势，比如许可证、补贴、管制或其他政府干预措施？

找到竞争优势的来源后，我们必须对竞争优势进行分析，这其中竞争优势的可持续性是重中之重。同时，我们要挑出竞争优势最强的一家或几家公司，进行重点研究和监控。

纵使公司的市场份额稳定、盈利能力强，更进一步分析也可能无法发现行业内公司存在明显的竞争优势。这种现象存在可能有两个原因：要么是因为市场份额稳定和盈利情况好是短暂的，要么是优秀管理层也就是高效运营的成果。保持高效运营或聘用优秀管理层都可以被任何目标专一、聚焦运营的新进入者模仿。因此，因管理层优秀而盈利但缺乏竞争优势的公司不是我们寻找的目标。

找出具有竞争优势的公司后，我们还要考察公司的竞争优势是增强了还是减弱了，管理层采取的战略与公司竞争优势是否匹配，是否能在未来增强公司的竞争优势。

为了巩固竞争优势，企业需要识别和确认自己竞争优势的来源，然后加强其背后起到核心作用的经济因素。如果竞争优势源自专有技术的成本优势，那么企业需要精益求精，不断推出专利创新技术以维持和扩大现有的优势。如果竞争优势的来源是客户锁定，那么企业就要帮助新客户养成消费习惯，增加客户的转换成本，并使搜寻替代产品的过程变得更为复杂和艰辛。对于相对昂贵的产品，企业需要使购买行为发生得更为频繁，将支付分摊到较长的时间里，以引诱客户陷入容易保持且难以替换的与企业的持续关系之中。提高转换成本通常是通过扩展和加深提供的服务来实现的。更大程度整合多项功能的战术提高了搜寻成本。如果替代产品或服务同样复杂但又不完全相同，那么客户在进行比较时就更加困难。很少有人会把闲暇时间花费在分析移动电话的套餐内容和价格上。与此同时，随着产品与服务的重要性和附加价值上升，换到另一个替代产品或服务带来糟糕后果的风险也上升了。同样，潜在的糟糕后果增加了客户的"抽样成本"：在试用其他替代产品或服务期间可能会出现严重的差错。复杂性、高附加值和重要性是构建高搜寻成本的要素。

8.3 评估公司所面临的内外部风险

在公司所面临的内外部风险中，有些种类的风险并不会经常发生。比如，在外部风险中，国家政策并不会经常发生变动，因此一般情况下只需保持一个基本的关注就可以了，如果有变动则要单独做详细评估；同样的情况还是技术变革的风险，一般情况下不需特别关注，一旦发生，则属于革命性的变化。在内部管理风险中，盲目扩张的风险也不属于常出现的情况，如果一旦出现，则需做专门的评估。这其中的原则是，如果扩张是属于与主业无关的多元化收购等，则一律否决；如果属于与主业相关的扩张，则需具体问题具体分析。其他风险则属于需要日常（每一个财报）跟踪和监控的风险，具体表现在要重点关注以下内容。

8.3.1 财务风险

公司的资产负债表是否稳健，面临不利的经济形势时是否有破产的风险。

8.3.2 竞争风险

（1）公司的市场份额是扩大了还是缩小了。

（2）公司的盈利能力是增加了还是减弱了。

（3）公司的竞争优势是增强了还是减弱了。

8.3.3 管理风险（财务做假）

（1）公司盈利的质量：长期来看盈利能力是否与现金流匹配。

（2）公司的分红情况：分红不仅可以降低管理层浪费资金的可能性，同时是检查公司是否财务做假的一个指标。

8.4 进行估值，评估是否便宜

找到值得长期跟踪的具有竞争优势的公司后，接下来的任务就是对公司进行估值，如果研究表明公司估值便宜，价格具有安全边际，那么就将其纳入投资组合；如果估值不便宜，则将其纳入愿望清单，耐心等待便宜买进的机会，并对公司竞争优势保持持续监测。进行估值的方法有很多，但在我们看来最"好"最具有实际"操作"意义的方法是市盈率。用市盈率进行估值有两大要点：一是每股盈利的取值，二是对某只股票来说多少倍市盈率是"合理"的。

8.4.1 每股盈利的取值

每股盈利是用市盈率给股票估值的基准，在查看公司的历史市盈率或使用公司过去的每股盈利给股票估值之前，我们必须对其进行必要的检查和校准。比如：

（1）公司是否出售了业务或者资产？如果公司出售了业务或出售了它在其他公司的股权投资等，导致一次性收益较大，那么它的较低的市盈率就有很大的水分，并不代表公司估值便宜。

（2）公司最近是否发生了一大笔非经常性费用？如果是，这可能导致当期利润很低，推高了公司的市盈率。为了相对准确地对公司估值，我们要把这种非正常的一次性费用剥离出来。

（3）公司业务是否具有很强的周期性？有些行业，比如半导体、汽车或大宗商品行业的周期性非常强。这些行业内的公司盈利波动非常大。当行业处于周期上部，公司利润非常高时，其市盈率通常很低。此时买低市盈率当作便宜的象征买入周期股很可能会遭受重大的损失，因为公司的利润很可能已到达高点，周期性意味着利润接下来很可能迅速下跌。

（4）公司把研发投入资本化还是费用化？越来越多的公司在加大研发投入以期在竞争中取胜。但研发投入是资本化还是费用化了，很多公司采取了不同的选择。在这两种情况下，盈利与市盈率差异可能会很大。把研发投入费用化的公司可能有一个较低的当期盈利，它应当比把研发投入资产化从而有一个较高当期盈利的公司，拥有更高的市盈率。

8.4.2 决定公司合理市盈率高低的因素

是什么因素导致一家公司相比另一家公司享有更高的市盈率是合理的？或者说，决定一只股票市盈率的基础是什么？

通过观察净现金流折现模型，思考估值基础的三大因素——一家公司未来的盈利（现金流量）、时限和所面临的风险，我们可以得出直观的结论：

（1）一家预期盈利（净现金流）会快速增长的公司，应当比一家预期盈利增长缓慢的公司，享有更高的市盈率。

（2）一家风险更高（从而需要更高的折现率）的公司，比如有更高的资产负债率的公司，它的市盈率理应比有更低的资产负债率的类似公司的市盈率要低。

（3）如果一家公司的增长总是需要消耗巨额资本才能维持，比如一些重资产行业。它们要么能通过增加负债（这样可能增加了公司的风险水平），要么另外发行股票（这样可能稀释现在股东投资的价值）来维系巨额的资本开支，即使没有通过发债或发行股票来筹集所需的投资资金，而是动用历年积累的利润，那也极大地压榨了公司可供分配给投资者的净现金流。因而，有更高资本需求的公司应当享有一个相对较低的市盈率。

除此之外，还有第四个也是更为关键的因素，即"保证"净现金流折现模型能够成立的前提条件，也即公司未来盈利（净现金流）能够持续实现的关键要素：公司的竞争优势/护城河。显而易见的结论，公司的竞争优势越强大，公司的"合理"市盈率倍数也就越高。

因此，成长性、风险、资本需求以及公司的竞争优势，这四者决定了公司的合理市盈率是高还是低。

利润增长的价值难以估算也不可靠，因此格雷厄姆不愿为其支付高价，16 倍的市盈率是格雷厄姆给出过的最高倍数标准。但在竞争优势保护下的持续增长的利润是现代价值投资最核心的因素，我们也愿意付出更高倍数的价格。问题在于付出多高市盈率倍数的价格是合理的？对于利润在未来一直持续不会下降但也不会增加的公司来说，16 倍的市盈率（约每年 6% 的回报率）可能是一个合理的估值。只要公司利润能够增长，那么高出 16 倍市盈率的估值就有合理性。但是高出多少呢？一种可能合适的方法是，估算出公司未来两三年，甚至三到五年后的盈利，再以未来的盈利乘以 16 倍市盈率作为一个参考。再进一步，则考虑三到五年后的市盈率倍数会是多少？然后再与当前的股价作为对比，考虑当前价格有没有被低估，有没有安全边际，如果有，那么安全边际有多大？这种方法对于当前没有盈利的公司仍然适用，因为我们用的是未来预计的盈利而非当前的盈亏数据。但是这种方法：一是要求很高，要求投资者对公司对行业有很深的了解，能够对公司未来做出相对靠谱的"猜测"。二是要求我们做出假设时要更保守，时间越远，出错的概率越高。三是对估算出的价值要打更大的折扣，为我们犯错留有更大的空间。

第 9 章

如何找到十倍股：案例研究
（华中数控）

长坡厚雪＋护城河＝内在价值持续增长

9.1 国产数控系统行业具有长坡厚雪的特征

9.1.1 什么是数控系统

以数控机床为代表的"工业母机"，是制造装备的装备。从生活用品、消费电子产品到汽车、航空航天领域，国民经济的各行各业都离不开数控机床，尤其是高端制造领域更需要高速、高精、多轴联动的数控机床设备。一个国家数控机床的水平很大程度上决定了其工业的发展水平和综合竞争力。

数控系统则是数控机床的"大脑"，是决定数控机床性能、功能和可靠性的核心部件。数控系统主要由控制系统、伺服系统、检测系统三部分组成（见图9.1）。在数控系统中，控制系统硬件是一个具有输入输出功能的专用计算机系统，发出控制指令到伺服系统；检测系统可检测机床部件运动位置和速度，并反馈到控制系统和伺服系统，来修正控制指令；伺服系统将来自控制系统的控制指令及检测系统的反馈信息进行比较和控制调节，驱动机床部件按要求运动。三大系统有机结合，组成完整的闭环控制的数控系统。

9.1.2 数控系统的分类

按照功能、性能水平不同，中国机床工具工业协会将数控系统分为经济型、标准型和高档型数控系统三大类（见表9.1），其中标准型和高档型数控系统由于技术难度大，功能、性能和可靠性要求高，国内生产企业相对较少，全球和国内市场份额主要集中在日本发那科和德国西门子两家龙头企业；经济型数控系统技术较为成熟，国内市场份额已基本被国产品牌占据。

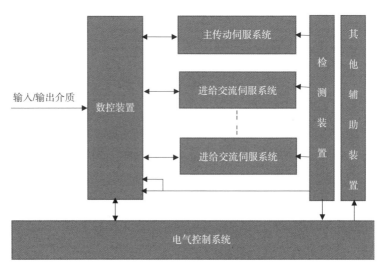

图 9.1 数控系统部件构成

表 9.1 三类数控系统性能区别

项目	经济型	标准型	高档型
电机类型	步进电机，不具有位置反馈系统	伺服电机，半闭环或全闭环控制	伺服电机

项目	经济型	标准型	高档型
加工	能加工形状较为简单的直线、斜线、圆弧及带螺纹类零件	4轴（含4轴）以下联动	5轴及以上的插补联动功能
精度	0.02mm以上	0.01~0.005mm	静态精度最小分辨率为1nm，动态精度随动误差在0.01mm以内
开放程度	通常不具有用户可编程的逻辑控制器（PLC）功能	支持用户开发PLC功能	完备的PLC控制功能
配套平台	主要适配于经济型数控车床和铣床	主要与车削中心、全功能车床、铣削中心、立式加工中心、卧式加工中心配套	主要与五轴及以上的高档数控机床、多通道、重型数控机床及高速高精、超精密机床配套，可以满足高精度复杂零件的加工
其他			具有多通道（两个及以上）数控设备控制能力，具有双驱控制等功能

9.1.3 数控系统的发展趋势

"高速、高精、复合、智能"是未来数控机床行业发展的重要方向，数控系统作为数控机床的核心，也正向该方向发展，主要趋势如下。

（1）向高速、高精度、高可靠性方向发展。主要是根据数控机床高效加工需要，结合机床相应功能部件性能的提升，开发相应的数控系统。

（2）向多轴联动、复合化方向发展。针对航空航天、精密医疗设备、精密仪器等复杂加工要求，实现数控系统的控制、高性能伺服驱动和精密加工等功能。

（3）向智能化、网络化方向发展。实现自适应控制、自动编程加工、智能监控、智能诊断，实现机床加工数据积累，建立"数字"经济新模式等。

（4）向开放式数控系统发展。可通过对数控系统功能进行重新组合、修改、添加或删减，针对不同厂家、用户和行业需求，快速构建不同品种和档次的数控系统，不必重新设计软硬件。开放式数控系统已逐渐应用于高档数控机床，发展前景良好。

9.1.4 数控系统上下游

数控系统是高端制造业产业链上游的核心环节。数控系统上游主要是为数控系统提供核心部件（计算芯片、功率模块、伺服驱动和电机等）的企业。其中，芯片和功率模块国内企业普遍采用性价比较优的进口产品，存在一定"卡脖子"风险。伺服驱动和伺服电机，尽管性能上与国外产品也存在差距，但国产产品能满足基本需求。

数控系统行业下游主要是数控机床制造企业，最终下游为使用数控机床的制造业企业，按应用领域分主要是以汽车、消费电子和以航空航天为代表的高端制造领域，前述三大应用领域占据了数控机床需求的 70% 以上。其中，消费电子领域对精度、速度及可靠性有一定要求，但技术门槛相对较低，数控系统及配套国产化率相对较高。汽车领域对数控机床和系统的要求居中，但对安全性、可靠性要求较高，一般采用国外的数控系统，国产化率较低。以航空航天为代表的高端制造领域技术门槛最高，长期只能购买国外高端数控系统。目前正在实施国产数控系统在航空航天领域的示范应用，将推动国产数控系统在航空航天领域的应用。

9.1.5 数控系统国产替代空间非常大

数控系统是数控机床的"大脑"，需要经过"使用 — 反馈 — 优化 — 使用"的循环来持续迭代。由于数控系统的进入壁垒，尤其是使用壁垒非常之高，在先发者已经领先一步甚至多步建立市场生态圈后，后来者很难拿到进入市场的资格，更别提持续迭代升级了。因此，数控系统尤其是中高端数控系统容易形成一个强者愈强的寡头垄断局面。

除少数机床厂配备自研的数控系统外，全球数控系统绝大部分的市场份额集中在发那科（日本）和西门子（德国）两家手中，再往下则是三菱（日本）和海德汉（德国）这两家占有一些份额。

我国数控系统行业集中度较高，高档型和标准型数控系统市场长期由西门子、海德汉、发那科、三菱等德日企业主导，经济型数控系统市场则基本被国内企业占据。根据 MIR 睿工业数据，按销售额来看，2022 年发那科、三菱和西门子三大数控系统巨头的市场份额分别为 37%、17% 和 12%，合计份额为 66%。苏州新代（台湾）是台湾新代集团设立在中国大陆的子公司，2022 年销售额市场份额为 7%，以标准型和经济型市场为主。国内规模较大的数控企业主要是广州数控和华中数控。广州数控主要集中在经济型市场，2022年国内广州数控销售额市场份额为12%。华中数控则集中在标准型和高档型市场，以销售额计，华中数控市场份额仅占为2%。相比发那科、三菱和西门子合计66%的市场份额，国产数控系统在标准型和高档型数控系统市场具有巨大的替代空间。

根据MIR睿工业的预测，2024年我国数控系统行业回到正增长状态，到2025年市场规模与2021年基本持平，达到158亿元（见表9.2）。

表9.2 我国数控系统市场规模及增速

	数控系统市场规模/亿元	增速/%
2017 年	124.87	—
2018 年	106.67	−15
2019 年	87.18	−18
2020 年	115.74	33
2021 年	159.28	38
2022 年	134.96	−15
2023 年 E	127.85	−5
2024 年 E	135.00	6
2025 年 E	158.00	17

资料来源：2024年4月《关于武汉华中数控股份有限公司申请向特定对象发行股票的审核问询函的回复》。

9.1.6 我国数控系统行业仍具有巨大的发展空间

相较传统机床，数控机床具有精度高、刚性大、生产率高、加工质量稳定等优点，在国家政策的支持以及国内企业不断追求创新的背景下，中国数控机床行业发展迅速，行业规模不断扩大。中国机床工具工业协会数据显示，2022 年中国金属切削机床产量 57.2 万台，数控金属切削机床产量 26.5 万台，金属切削机床数控化率为 46.3%；我国机床数控化率持续上升，但与日本等发达国家相比，差距仍然巨大。日本机床工业协会数据显示，2017 — 2022 年，日本机床数按化率基本在 90% 以上，2022 年高达 93.91%，与之相比国内机床数控化率提升空间还非常大。

《中国制造 2025》将"高档数控机床"列为未来十年制造业重点发展领域之一，明确高档数控机床未来的发展目标：到 2025 年，高档数控机床与基础制造装备国内市场占有率超过 80%，数控系统标准型、智能型国内市场占有率分别超过 80%、30%（见表 9.3）。2025 年，关键工序数控化率将从 2020 年的 33% 提升到 64%。

表 9.3 《中国制造 2025》数控机床发展目标

	2025 年
高档数控机床与基础制造装备国内市场占有率	>80%
数控系统标准型国内市场占有率	>80%
数控系统智能型国内市场占有率	>30%

9.1.7 数控系统行业具有丰厚的利润

由于数控系统行业是一个寡头垄断的行业，相对而言下游机床厂商则很分散，至于机床用户最终下游制造业，千行百业则更加分散。因此，数控系统厂商在产业链上具有定价权。

另外，对于最终下游用户，比如高端用户航空航天企业来说，其用机床加工的零件都非常昂贵，一个零件可能就价值几十上百万元，一旦加工过程中出现失误，这个零件损失的价值就超过了数控系统的价格，因此这些终端用户更看重数控机床（系统）的性能，而不是价格便宜与否。至于机床使用大户汽车行业，由于采用流水线作业，对数控机床（系统）的可靠性要求较高，价格因素在其采购决策中也居于相对次要的地位。因此，数控系统行业的利润非常高。

国产数控系统公司（华中数控），尽管由于两方面的原因：一是产量相对发那科等国外厂商较低，因而采购器件等成本较高，生产没有规模效应，成本高于国外厂商；二是由于技术水平跟国外厂商仍还有一定的差距，价格要低于国外厂商，因此华中数控的利润显著低于国外企业。但是从毛利率可以看到，产品具有较高的利润率（见表 9.4）。国产数控系统行业不仅具有广阔的市场替代空间，也具有丰厚的利润空间。

表 9.4 华中数控的数控系统与机床业务历年毛利率

	数控系统与机床业务营收 / 亿元	毛利率 /%
2020 年	6.20	36.25
2021 年	8.39	32.00
2022 年	7.07	35.89
2023 年	8.92	38.65

注：（1）华中数控没有单独公布数控系统的营收和毛利率，而是和毛利率较低的机床业务（提供给教育市场使用）混合在一起，因而数控系统业务实际毛利率比表中所示数据还要高一些。（2）华中数控 2022 年、2023 年毛利率迅速上升，主要原因是毛利率更高的高端五轴数控系统销量快速增加。

9.2 数控系统行业竞争优势的主要来源

数控系统行业竞争优势主要有两类：供给侧的技术壁垒和需求侧的客户黏性（使用习惯）。

9.2.1 技术壁垒

机床作为工业母机，是制造业的基础。数控系统是数控机床的"大脑"，是机床最核心的技术。高端的五轴数控联动技术是解决航空发动机叶轮、叶盘、叶片、船用螺旋桨等关键产品加工的唯一手段，被广泛应用于航空航天、科研、精密器械等高精度行业，反映了一个高端制造业发展的上限，对国家具有战略性意义。2018 年 5 月 28 日，习近平总书记在两院院士大会上就指出："我国基础科学研究短板依然突出，企业对基础研究重视不够，重大原创性成果缺乏，底层基础技术、基础工艺能力不足，工业母机、高端芯片、基础软硬件、开发平台、基本算法、基础元器件、基础材料等瓶颈仍然突出，关键核心技术受制于人的局面没有得到根本性改变。"讲话中将工业母机排在高端芯片、基础材料的前面，因此也被视为"七大瓶颈"之首。

由于数控技术的战略地位，我国高度重视高数控系统和机床的发展。早在 2006 年通过的《国家中长期科学和技术发展规划纲要（2006—2020 年）》中，高档数控机床就和高端芯片、大飞机、载人航天与探月工程等其他 15 个项目一起被列为重大科技专项，其中高档数控机床与基础制造技术位列第 4 项，因此通常被称为 04 专项。2015 年，国务院出台《中国制造2025》，提出未来十年，中国数控机床将重点开发高档数控机床、先进成形装备及成组工艺生产线。2021 年 3 月，全国人大审议通过《中华人民共和国国民经济和社会发展第十四个五年规划和 2035 年愿景目标纲要》，提出我国需要培育先进制造业集群，推动集成电路、航空航天、工程机械、高端数控机床等产业创新发展。2021 年 8 月，国务院国资委党委召开会议指出，要把科技创新摆在更加突出的位置，需要针对工业母机、高端芯片、新材料、新能源汽车等加强关键核心技术攻关。

由于数控系统和机床的重要性，从过去的"巴统清单"到现在的"瓦森纳协定"，发达国家一直将高档数控机床和高档数控系统作为战略物资实施严格的技术封锁。随着中国高端数控系统和机床的不断突破，发达国家对中国的出口限制略有放松，但仍实施严格的出口管制，对出口机床进行严格的监控管理。

表 9.5 国外机床安全隐患

序号	区域	措施
1	美国机床	对用户定时核查，掌握设备使用情况
2	日本机床	设备移动位置，数控系统将自动锁死
3	德国机床	必须网上注册激活相关功能，售后服务人员可能会携带 GPS 对设备进行定位

9.2.2 客户黏性（使用习惯）

数控系统市场被国外厂商占据后难以攻破，除了数控系统本身性能、技术成熟度等原因外，更重要的是，对下游客户使用习惯的培养。

从教育系统切入，直接面向下一代数控系统使用者培养产业生态是北京发那科机电有限公司（以下简称发那科）等国际数控系统巨头成功的市场推广策略。1992 年，北京机床研究所与 FANUC 共同成立的发那科，是国内第一家数控装置生产厂。2002 年前后，发那科发现国内许多数控机床开动率只有 20%~30%。原因主要是国内缺乏数控加工以及数控机床维修与保养的复合型专业人才。2003 年，教育部等六部门联合组织实施职业院校制造业和现代服务业技能型紧缺人才培养培训工程，发那科在重点省市寻求院校合作，建立培训基地，将数控先进技术逐步传播到各大院校，培养下一代数控系统使用工人对发那科产品的强黏性。2022 年，发那科在国内数控系统市场占据主要份额，国内市占率为 37%，是占比最高的厂商。

国外厂商经过几十年的培育使用，发展了一大批的忠实"粉丝"。目前，市场上甚至形成了"发那科派"和"西门子派"两大派别，两派的"粉丝"之间甚至互相看不上眼。

9.3 华中数控是国产数控系统竞争力最强的公司

9.3.1 公司历史：深耕数控系统三十载，对标国际先进水平

武汉华中数控股份有限公司（简称华中数控）创立于1994 年，最初由华中理工大学、国家科技部、武汉市科委等政府部门和企业共同投资组建，是国产数控系统行业首家上市公司。华中数控作为国内中高端数控系统领域的龙头企业，专注于中高端数控系统研发及生产，是全国机械工业先进集体、中国机床工具协会副理事长、数控系统分会理事长单位、全国机床数控系统标委会秘书长单位。2012 年开始，公司作为国家 04 重大专项等多项课题的重点支持单位，对标国外龙头企业的高端数控系统产品，围绕中国市场的需求开展研发。公司对标国外先进的高档数控系统，攻克了数控系统体系结

构、现场总线、高速高精、五轴联动等一批关键技术，成功研制了具有自主知识产权的华中8型高档数控系统，在功能、性能和可靠性方面达到国际先进水平，实现进口替代。自主研发NCUC-Bus现场总线技术，获批5项国家标准。公司研制的与人工智能技术深度融合的华中9型新一代智能化数控系统入选中国智能制造十大科技进展和国家科技部、发改委等部门主办的"十三五"科技创新成就展。公司荣获国家科技进步二等奖5项、省部级科技进步一等奖17项及二等奖7项。

公司发展历经以下几个阶段：

1994—2000年，初创期，以数控化改造市场和教学市场为突破口。1994年，华中理工大学成立了华中数控公司，推动科技成果转化。在周济教授的指导下，公司集中优势占领量大面广的数控化改造市场和教学市场，系统批量应用于机床、发电、航空等重点用户及清华大学、西安交大等重点大学和职业院校。

2001—2009年，与下游机床厂合作，逐步打开市场。2001年，公司与桂林机床合作开发五坐标数控龙门铣床，打破国外封锁，在南昌飞机工业公司成功应用。

2002—2006年，公司与北一机、武重、齐重、大连机床分别组建了合资企业。2009年，"高档数控机床及基础制造装备国家科技重大专项"启动，公司在第一批、第二批项目招标中获得多项课题。

2010—2014年，技术取得突破，华中8型数控系统批量应用市场。2010年，公司研制成功华中8型总线式高档数控系统，高档、中档、普及型系列化，并且批量推向市场；2013年，与沈飞合作，从华中8型数控系统在沈飞加工中心的首台应用成功，到采用华中 8 型数控系统改造的进口双龙门五坐标铣床，实现国产高档数控系统在航空制造五轴联动数控铣床的成功应用。公司与重点机床战略合作，开发自主品牌的多种型号数控系统。

2015 年至今，规模化发展，加速国产替代。2021 年，"华中 9 型"智能数控系统正式发布；2022 年，公司在高端五轴数控系统应用领域批量配套超 1000 台；2023 年，高端五轴数控系统应用领域批量配套 1600 多台。截至 2022 年底，公司华中 8 型中高档数控系统累计完成近 15 万台套销售，在 2000 多家企业批量应用，全面进入航空航天、汽车制造、能源装备、船舶制造、机床工具、模具、3C 等领域。

9.3.2 华中数控的技术平台与人才优势

华中数控是首批国家级创新企业，与华中科技大学共建"国家数控系统工程技术研究中心""新型电机技术国家地方联合工程研究中心""高档数控系统关键技术创新平台"，是国家智能设计与数控技术创新中心成果的产业化平台。

国家技术创新中心，属于技术创新与成果转化类国家科技创新基地，定位于面向经济社会发展和创新社会治理、建设平安中国等国家需求，开展共性关键技术和工程化技术研究，推动应用示范、成果转化及产业化，提升国家自主创新能力和科技进步水平；是应对科技革命引发的产业变革，抢占全球产业技术创新制高点，突破涉及国家长远发展和产业安全的关键技术瓶颈，构建和完善国家现代产业技术体系，推动产业迈向价值链中高端的重要科技力量，对国家重点产业领域技术创新发挥战略支撑引领作用；是国内同类型研发机构中的最高级别，真正国家队的代表。国家智能设计与数控技术创新中心是由华中科技大学牵头，联合清华大学、上海交通大学、西安交通大学、浙江大学、哈尔滨工业大学和航天科技、航天科工、中航工业、中国商飞、中国航发、国机集团、通用技术集团等全国智能设计与数控技术领域优势单位，聚焦智能系统设计工业基础软件、高端数控系统、智能制造系统工业基础软件三大技术方向，打造制造业强"芯"铸"魂"的国家战略突击队。

公司脱胎于华中科技大学，始终专注于数控技术研发和应用，具有三十年的技术积累和传承底蕴。在多年研发产业化的过程中，公司形成了以董事长、总工程师等为核心的研发团队。截至 2023 年 12 月 31 日，公司拥有技术人员 1676 人，占全部员工人数的 45.59%。公司技术人员的知识结构覆盖面广、专业性强，技术能力覆盖了数控技术的全部核心领域，在硬件设计及软件创新应用方面均卓有建树。强大的研发人才基础既保障了公司产品开发与市场开拓的有效性和高效性，也为公司长期技术战略规划奠定了稳固的基础。

为了保持技术优势，公司始终保持较高的研发投入。2020年、2021 年、2022 年及 2023 年度，公司研发费用分别为 22060.48 万元、20686.56 万元、24338.37 万元和 30792.16 万元，占当年营业收入的比例分别为 16.68%、12.66%、14.63%和 14.56%。公司采用"研发一代、生产一代、运营一代"的战略，工程中心负责基础前沿研究、中央研究院负责产品技术平台开发、地方研究院负责产品应用开发，建立了良好的开发梯度和迭代机制，新技术能及时向产品应用转化。

9.3.3 华中数控与国内厂商对比

2009 年以来，国家通过实施国家重大科技专项"高档数控机床与基础制造装备"，即 04 专项，大力推动高档机床国产化技术攻关。两年多后，华中数控、广州数控、大连光洋（现在的科德数控）、沈阳高精、航天数控等受支持数控系统企业，攻克了数控系统软硬件平台、高速高精、多轴联动、总线技术、纳米插补等一批高档数控系统关键技术，研制出全数字总线式高档数控系统产品样机，实现从模拟接口、脉冲接口到全数字总线控制、高速高精的技术跨越（见表 9.6）。

2012 年，04 专项数控系统任务部署转向两个标靶：一是具有五轴联动、多通道、高速高精、车铣复合等功效的高档数控系统（对标西门子 840D），华中数控、大连光洋（科德数控）接棒高档型数控系统开发和应用验证；二是市场上量大面广的中档普及性、标准型技术（对标发那科 oi 系统），华中数控、广州数控承担标准型数控系统开发及产业化课题。

也就是说，从 04 专项支持的角度来看，华中数控国内的竞争对手只有两个：广州数控和科德数控。

2016 年，国家机床质量监督检验中心、北京航空航天大学和中科院沈阳计算所高档数控国家工程研究中心作为第三方，对国内新研制的高档型和标准型数控系统产品的功能、性能、可靠性进行对比测试。第三方评测单位为高档型数控系统设立了 1989 个对标评测项，为标准型数控系统设立了 633 个对标评测项。经过专家组评测，华中 8 型数控系统和广州数控系统均通过了全部 633 项标准对标评测项，通过率为 100%；华中 8 型数控系统通过了 1952 项高档型对标评测项，通过率达 98.14%。科德数控达到了 95.85%（见表 9.7）。

表 9.6 华中数控、广州数控、科德数控对比

国内主要厂商	与华中数控对比
广州数控	1. 华中数控技术实力远强于广州数控 2. 广州数控市场份额远超华中数控，但主要集中在低端经济型数控系统市场 3. 由于数控系统的特点，低端市场的大量应用，并不能帮助广州数控在高端数控技术上进行突破，因此广州数控实际上很难对华中数控形成真正威胁
科德数控	1. 华中数控技术实力明显高于科德数控 2. 研发投入上，华中数控 2022 年、2023 年合计投入在数控系统上的研发资金估计在 7 亿元左右（假设非数控系统业务研发投入强度按营业收入的 5% 估算，大约是 0.6 亿元），是科德数控两年合计投入研发资金 2.64 亿元的 2.43 倍。而且科德数控的研发投入要分散在整个机床的所有关键部件上，而华中数控只针对数控系统 3.2023 年华中数控高档五轴数控系统销量 1600 台套，科德数控五轴机床销量 225 台套；五轴数控系统配套量来讲华中数控是科德数控的 7.1 倍。高档数控系统的特点决定了，在实际生产过程中，其使用量越大，使用场景越广泛，越容易发现问题，进而迭代升级 4. 最根本最关键的因素是，科德数控实际上并不是一个数控系统厂商，而是一家机床厂商。科德数控的数控系统主要用于自家机床。由于机床厂商之间的竞争关系，科德数控的数控系统实际上基本不可能被别的机床厂大量采用（各个研究所采购后用于研究除外），因此华中数控和科德数控并不是真正意义上的竞争对手

表 9.7 华中数控、广州数控、科德数控技术指标对比

对标机型	华中数控通过率/%	广州数控通过率/%	科德数控通过率/%
标准型（对标发那科 oi 系统）	100	100	—
高档型（对标西门子 840D）	98.14	—	95.85

9.3.4 加码职业教育：筑牢护城河

职业教育是一个小市场，但对数控系统厂商而言它的地位无论如何拔高都是理所应当的。数控系统市场被国外厂商占据后难以攻破，除了数控系统本身技术难度大以外，最重要的原因是，国外厂商经过几十年的培育使用，发展了一大批的忠实"粉丝"，牢牢地锁定了下游客户，形成了企业强大的竞争优势。

华中数控刚成立时，由于没有企业原意尝试使用华中的数控系统，华中数控被迫选择"游击战"——让开大道，占领两厢：瞄准旧机床改造和数控培训教学市场。此时教学市场是其生存下去的必要土壤。现在职业教育则是其培养潜在和未来的用户，以及占领市场后增强用户的黏性牢牢构筑公司竞争护城河的必要手段。公司利用长期以来在实训基地领域积累起来的成果，形成了产学研结合的优势，通过向职业院校提供数控系统、实验培训机床、教材及师资培训方面等全方位的服务，以及多层次的用户操作技能培训，培训了大批数控技术专业技能型人才，使他们熟悉了华中数控系统，认知了华中数控品牌。

华中数控的教育教学业务主要系为各类职业院校及本科

院校的数控技术、机器人、智能制造等相关专业提供专业升级方案、师资培训、实训基地建设方案、开展校企合作项目等。具体来看,公司与全国职业院校及本科院校深入开展校企合作,包括积极参与职业院校的师资培训、专业规划、课程设置、教材开发、教学设计等,同时大力推进与本科职业教育的产学研合作,共建实训中心、开发新课程、开展订单培养。另外,公司承办及参与国家级、省市级的高端数控、工业机器人及智能制造等相关大赛,以赛事助阵职业技能教育,培育高级数控人才,并主办了机器人及智能制造全国研讨会、说明会,促进职业院校教学能力和学生实践能力。

行业产教融合共同体是由龙头企业和高水平高等学校、职业学校(含中职学校、高职专科学校和本科层次职业学校)牵头,联合行业组织、学校、科研机构、上下游企业等共同组建的,跨区域汇聚产教资源,能够有效促进产教布局高度匹配、服务高效对接、支撑全行业发展的产教融合新型组织形态。2023年11月14日,全国高档数控系统和智能装备产教融合共同体在武汉成立,该共同体由武汉华中数控股份有限公司、华中科技大学、武汉软件工程职业学院牵头,汇聚近百家委员单位,跨区域汇聚产教资源,为促进产教布局匹配、服务高效对接、支撑装备制造行业发展群策群力,也为职普融通、产教融合、科教融汇的模式创新探路。武汉华中数控股份有限公司董事长表示,随着高端数控装备产业的深入发展,在推动产业链上下游转型的同时,也在不断创造新的职业类型及岗位需求。构建新发展格局、推动高质量发展,人才是根本支撑。我们不仅需要培养大批拔尖创新人才来突破"卡脖子"技术,也需要培养数以亿计的高素质技术技能型人才来推动传统产业向高端化、智能化、绿色化转型发展，推动中国制造业从世界制造业价值链的中低端迈向中高端。深化产教融合，实现教育链、人才链与产业链、创新链的有机衔接，正是培养创新型、应用型人才的战略与路径。

通过培养未来数控系统的使用人才，华中数控大大地加强了其未来护城河的强度。

9.4 华中数控内外部风险研究

9.4.1 财务风险评估：有无破产可能性

华中数控阿特曼 Z 值研究。

阿特曼 Z-score 模型公式：

$$Z=1.2X_1+1.4X_2+3.3X_3+0.6X_4+0.999X_5$$

X_1= 营运资本 / 总资产。用于衡量流动资产与公司规模的关系（见表 9.8）。

X_2= 留存收益 / 总资产。用于衡量反映公司成立年限和盈利能力的收益情况。

X_3= 息税前利润 / 总资产。用于衡量在不考虑税收和杠杆情况下的经营效率，它表明营业利润对企业的长期存续至关重要。

X_4= 股本市场价值 / 总负债账面价值。该比率增加了市场维度，可以作为一个提示证券价格波动危险的可行信号。

X_5= 销售额 / 总资产。用于衡量周转情况的标准指标。

若企业的 Z 值低于 1.8，那么它在未来很有可能会破产。虽然这仅是个开端，但是这个方法对于识别潜在问题企业甚是奏效。

表 9.8 华中数控 2023 年年报相关数据

指标	华中数控 2023 年年报数据
1. 营运资本 = 流动资产 - 流动负债	=30.08 亿元 –19.90 亿元 =10.18 亿元
2. 留存收益 = 盈余公积 + 未分配利润	
3. 息税前利润 = 企业的净利润 + 企业支付的利息费用 + 企业支付的所得税	=0.2316 亿元 +0.3380 亿元 +0.0768 亿元 =0.6464 亿元
4. 股本市场价值 = 股价 × 股本	=35.88 元 / 股 × 1.987 亿股 ≈ 71.29 亿元（股价用 2023 年最后一个交易日收盘价计）
5. 销售额	21.15 亿元
6. 总资产	48.39 亿元
7. 总负债	31.03 亿元

从阿特曼 Z–score 模型来看，华中数控 2023 年的 Z 值约 2.21 ，大于 1.8 的临界值，破产风险不大。

9.4.2 竞争风险评估：竞争能力是增强了，还是减弱了

综合各方面的信息来看，2023 年华中数控的数控系统业务 2023 年竞争能力显著增强。

（1）2023 年，数控系统与机床业务营收增长 26.22%，达到 8.92 亿元，市场份额占比由 2022 年的 5.24% 上升至 6.98%（见表 9.9），市场份额增长明显（注：由于华中数控的营收不仅包含了数控系统的营收，还包含了教学用机床业务的营收，因此所计算的份额占比是高估了的。但与自己的历史数据比，或者看趋势问题不大）。

（2）2023 年，数控系统与机床业务毛利率继续上升，达到 38.65%（见表 9.10），相比 2022 年的 35.89%，盈利能力显著增强。毛利率上升的主要原因是，毛利率更高的高档五轴数控系统出货量增长了 60%，由 2022 年 1000 台套的出货量增加到 2023 年的 1600 台套，这个数据 2021 年为 300 台套左右，在行业内逐渐形成了"用五轴、找华数"的良好口碑。

（3）在 2023 年 4 月举办的第十八届中国国际机床展览会期间，公司以"五轴引领、高端智胜"为主题，举行了高端五轴数控系统新品发布会，重磅发布全新华中 8 型高端五轴数控系统产品包。将五轴加工技术和数字 + 网络 + 智能 + 全面融合，在高品质五轴加工、CAM & CNC 融合、在机测量、远程运维等关键五轴数控技术上全面升级迭代，打造有中国力量的高端五轴数控系统。在本次展会上展出的高端五轴数控系统方面，华中数控的配套数量已超过国外品牌。

（4）进军激光加工机床市场获得重大突破。华中数控与艾姆克斯、华工激光、昂克激光等机床企业深度合作，共同开发五轴刻蚀机、五轴点胶机、五轴激光切割等各种类型五轴机床，为汽车及零部件、激光加工等领域重点企业进行批量配套。其中，与华工科技合作的全国产化三维五轴激光切割装备占据 70% 的国内市场份额，获评"国家级制造业单项冠军产品"。

（5）主动扛起"培育大国工匠"的责任担当，牵头成立全国高档数控系统和智能装备产教融合共同体，跨区域汇聚产教资源，为行业发展群策群力。

基金经理解密股票投资体系

表 9.9 华中数控数控系统营收市场份额变化

	数控系统市场规模 / 亿元	数控系统与机床业务营收 / 亿元	华中数控份额占比 /%
2020 年	115.74	6.20	5.36
2021 年	159.28	8.39	5.27
2022 年	134.96	7.07	5.24
2023 年	127.85	8.92	6.98

表 9.10 华中数控数控系统业务盈利能力变化

	数控系统与机床业务营收 / 亿元	毛利率 /%
2020 年	6.20	36.25
2021 年	8.39	32.00
2022 年	7.07	35.89
2023 年	8.92	38.65

9.4.3 管理风险评估：财务做假可能性高不高

从公司现金流和分红情况来看，公司财务真实性的可能性较高，财务造假方面的风险较小。

（1）公司盈利的质量：长期来看盈利能力是否与现金流匹配。

从表 9.11 我们可以看出，除 2022 年外，通常经营活动产生的现金流量净额都大于净利润，且有两年是远大于净利润的数据。固然其中一个原因是，净利润数额较小的原因，但也表明至少盈利的质量是有保障的。

表 9.11 华中数控净利润与经营性净现金流对比

	净利润 / 万元	经营活动产生的现金流量净额 / 万元	经营活动产生的现金流量净额 / 净利润
2020 年	2777	6695	2.41
2021 年	3123	21540	6.90
2022 年	1859	−3155	−1.7
2023 年	2709	21150	7.95

（2）公司的分红情况：分红不仅可以降低管理层浪费资金的可能性，也是检查公司是否财务做假的一个指标（见表9.12）。

表 9.12 华中数控历年分红情况

	净利润 / 万元	分红金额 / 万元	分红比例 /%
2020 年	2777	397.39	14.31
2021 年	3123	397.39	12.72
2022 年	1859	397.39	21.38
2023 年	2709	—	—

从分红情况来看，华中数控最近三年都进行了现金分红，三年分红金额都一样，但分红比例并不高，最低的年份仅为12.72%，最高的年份也只有21.38%，分红更像是要展现出一种对投资者回报的积极态度，而不是有多大的实际意义。一方面确实是因为盈利较低；另一方面是因为公司这几年处于发展期，有多个项目需要投资，资金压力比较大，这一点从公司最近几年资产负债率持续上升可以看出来。

9.5 华中数控估值研究

9.5.1 华中数控过去年份主要财务指标

9.5.2 对华中数控历年利润的研究

每股盈利是用市盈率给股票估值的基准，在查看公司的历史市盈率，或使用公司过去的每股盈利给股票估值之前，我们必须对其进行必要的检查和校准。

表 9.13 华中数控主要财务指标

	2020 年	2021 年	2022 年	2023 年
营业收入 / 亿元	13.22	16.34	16.63	21.15
销售费用 / 亿元	1.210	1.545	1.671	1.923
管理费用 / 亿元	1.132	1.316	1.542	1.711
财务费用 / 亿元	0.2991	0.2628	0.2842	0.3380
销售费用率 /%	9.15	9.46	10.05	9.09
管理费用率 /%	8.56	8.05	9.27	8.09
财务费用率 /%	2.26	1.61	1.71	1.60
（销售 + 管理）费用率 /%	17.71	17.51	19.32	17.18
（销售 + 管理 + 财务）费用率 /%	19.97	19.12	21.03	18.78
研发费用 / 亿元	2.206	2.069	2.434	3.079
研发费用率 /%	16.69	12.66	14.64	14.56
研发投入金额 / 亿元	2.513	2.584	3.458	4.152
研发投入占营业收入比例 /%	19.01	15.82	20.79	19.63
资本化研发支出占研发投入的比例 /%	12.23	19.96	29.61	25.84
资产减值损失（新）/ 亿元	−0.8910	−0.4763	−0.3027	−0.5915

	2020 年	2021 年	2022 年	2023 年
信用减值损失（新）/亿元	−0.3199	−0.2900	−0.4819	−0.3156
资产减值 + 信用减值/亿元	−1.2109	−0.7663	−0.8046	−0.9071
公允价值变动收益/亿元	−0.0002	0.0003	0.0007	0.0019
投资收益/亿元	−0.0554	0.0112	−0.0168	0.0142
资产处置收益/亿元	0.0030	0.0041	0.0166	0.0206
营业外收入/亿元	0.0432	0.0865	0.0653	0.0344
营业外支出/亿元	0.0698	0.0235	0.0296	0.0075
其他收益/亿元	1.589	1.247	1.239	1.336
归属净利润/亿元	0.2777	0.3123	0.1859	0.2709
扣非净利润/亿元	−0.8006	−0.6435	−0.8892	−0.7902

比如：

1. 公司是否出售了业务或者资产，或者是出售了它在其他公司的股权投资等，导致一次性的收益较大的事项

从表 9.13 我们发现，最近几年，华中数控的投资收益、资产处置收益几乎为零，完全可以忽略；营业外收支也非常之小，基本可以忽略。在这些方面，不用对华中数控的利润做出调整。

公司具有"一次性"特性的收入选项，可能是"其他收入"。通过查询财务报告我们得知，华中数控的其他收入基本上是指政府补助。正是依靠政府的大量补助，华中数控每年的净利润才能刚刚跨过盈亏线，达到小幅盈利的状态，如果不考虑政府补助，华中数控每年都处于亏损状态。这也正是很多投资者对华中数控诟病的地方，认为华中数控没有盈利能力，因而根本

就没有投资价值。那么，事实真是如此吗？显然不是。

我们要弄清楚，为什么投资者不喜欢一次性的收入和盈利？因为其不具有可持续性。为什么不喜欢政府补助导致的盈利，而要去看扣排净利润？因为政府补助的可持续性需要打个问号，政府补助今年有，明年是不是还会有？一般情况下，不能给出肯定的答复。那么，问题的关键便成了，华中数控的政府补助是否具有可持续性？答案是：具有。为什么？因为：

第一，从历史数据来看，华中数控的政府补助具有可持续性。

第二，华中数控能持续获得政府补助的原因是，高端数控技术是国家必须突破的卡脖子技术，而华中数控又是突破这一卡脖子技术的主力军，是国家智能设计与数控技术创新中心成果的产业化平台。也就是说，如果高端数控技术不能真正突破，政府的补助就会一直持续下去。

第三，如果未来某一天，政府的补助没有了，那意味着什么？意味着华中数控的技术已经达到了世界一流，这时候华中数控的产品必定已经获得商业上的巨大成功，到时有没有政府补助也无关紧要，根本不影响华中数控的盈利能力。

综上所述，当前关注华中数控的盈利情况，没有必要将政府补助剥离出来。也即华中数控的利润不需要因政府补助而调整。

2. 公司最近是否发生了一大笔非经常性费用

从表9.13我们发现，最近几年，华中数控几乎每年都有资产减值损失和信用减值损失，而且金额非常大，二者加起来的金额达到了0.8亿～0.9亿元，最高的2020年甚至达到了1.21

亿元，几乎是年均利润 0.3 亿元左右的 3 倍左右。由于资产减值损失和信用减值损失金额有点大，为做出相对靠谱的估计，我们必须先详细查看年报的附注，以了解它们这几年的构成，得到的情况如下（见表 9.14、表 9.15）。

表 9.14 华中数控资产减值损失（新）

	2020 年	2021 年	2022 年	2023 年
1. 存货跌价损失及合同履约成本减值损失 / 亿元	−0.0706	−0.1017	−0.2636	−0.5767
2. 商誉减值损失 / 亿元	−0.8204	−0.3746	—	—
3. 合同资产减值损失				
4. 其他	—	—	−0.0008	−0.0002
资产减值损失合计 / 亿元	−0.8910	−0.4763	−0.3027	−0.5915

表 9.15 华中数控信用减值损失（新）

	2020 年	2021 年	2022 年	2023 年
1. 其他应收款坏账损失 / 亿元	−0.0500	−0.0297	−0.0707	−0.0872
2. 应收账款坏账损失 / 亿元	−0.1097	—	−0.4052	−0.2160
3. 应收票据坏账损失 / 亿元	−0.1601	−0.2603	−0.0061	−0.0134
4. 一年内到期的非流动资产坏账损失 / 亿元	—	—		−0.0010
信用减值损失合计 / 亿元	−0.3199	−0.2900	−0.4819	−0.3156

通过表 9.16 数据我们发现，华中数控 2020 年及 2021 年的资产减值损失主要来源于商誉减值准备，商誉减值准备主

要是收购江苏锦明工业机器人自动化有限公司造成的。截至2023 年末，公司未被计题的商誉仅有 0.2684 亿元，其中江苏锦明未被计题的商誉为 0.2635 亿元。也就是说，未来公司不会再有很大的商誉减值准备需要计题了。2022 年及 2023 年的资产减值准备主要来自存货，公司 2022 年存货增加与存货计题增加算得上匹配，但 2023 年存货下降，仍继续有大量的存货减值准备，这可以做两方面的解读：一方面可能表明公司存货质量不高有减值的风险，另一方面有可能说明公司对存货进行了相对较充分的计题，未来继续大幅计题的可能性不大。公司最近四年均有较大的信用减值损失准备，与公司应收账款持续较快增长是相匹配的。

综上所述，保守考虑，我们仍预期未来公司可能会有较大规模的资产和信用减值准备需要计题，在这方面不对公司的利润作重新调整。

表 9.16 华中数控截至 2023 年末商誉情况

被投资单位名称或形成商誉的事项	商誉账面余值/亿元	截至 2023 年末已计提商誉减值准备/亿元	剩余未被计题的商誉余额/亿元
1. 武汉高科机械设备制造有限公司	0.0712	0.0712	—
2. 江苏锦明工业机器人自动化有限公司	1.6820	1.4185	0.2635

被投资单位名称或形成商誉的事项	商誉账面余值/亿元	截至 2023 年末已计提商誉减值准备 / 亿元	剩余未被计提的商誉余额 / 亿元
3. 湖北江山华科数字设备科技有限公司	0.0030	0.0030	—
4. 南宁华数南机新能源汽车有限责任公司	0.0048	—	0.0048
5. 湖北华数新一代智能数控系统创新中心有限公司	0.0052	—	0.0052
合计	1.7610	1.4926	0.2684

表 9.17 华中数控存货和应收账款

	2020 年	2021 年	2022 年	2023 年
应收票据及应收账款/亿元	6.155	7.245	8.878	10.46
应收票据及应收账款增速/%	—	17.71	22.53	17.82
存货	8.023	8.83	9.757	9.008
存货增速/%	—	10.06	10.50	−7.67

3. 公司业务是否具有很强的周期性

公司数控系统业务具有一定的周期性，但这个周期大概是以 10 年为单位（数控机床使用寿命大概是 10 年，到期后有更新需求），但目前总体是处于周期的底部区域，未来几年都没有这方面的担忧。

4. 公司把研发投入资本化还是费用化

从表 9.18 我们可以看到华中数控每年的研发投入都非常之大。

华中数控研发投入金额 2023 年达到 4.152 亿元，远超科德数控的 1.4994 亿元（见表 9.19），占营业收入的比重达到了一个非常高的水平（19.63%）。当然，这个数据和科德数控 33.15% 的水平比起来好像要差，其实不是这样子的。在华中数控 2023 年 21.15 亿元的营收中，数控系统和机床营收只有 8.919 亿元，其他机器人和智能产线等业务营收占了 12.231 亿元，其他业务研发投入按大概 5% 比率估算的话，研发投入绝对金额大概是 0.612 亿元。华中数控总的研发投入金额是 4.152 亿元，实投入数控系统的研发金额大概是 3.54 亿元，这占到数控系统与机床营收的 39.69%，高于科德数控 33.15% 的水平。

华中数控研发投入费用化的比例非常之高，而资本化的比例非常之低。2020 年至 2023 年，华中数控研发投入费用化的比例最低为 2022 年的 70.39%，最高为 2020 年的 87.77%，平均为 78.09%。相比之下，科德数控正好相反，研发投入资本化的比例非常高，2023 年超过 80% 达到 81.49%，2022 年资本化的比例也接近 80%，为 77.95%。

表 9.18 华中数控研发投入情况

	2020 年	2021 年	2022 年	2023 年
研发投入金额 / 亿元	2.513	2.584	3.458	4.152
研发投入占营业收入比例 /%	19.01	15.82	20.79	19.63
资本化研发支出占研发投入的比例 /%	12.23	19.96	29.61	25.84
研发费用 / 亿元	2.206	2.069	2.434	3.079
费用化研发支出占研发投入的比例 /%	87.77	80.04	70.39	74.16
研发占营业收入比例 /%	16.69	12.66	14.64	14.56

表 9.19 科德数控研发投入情况

	2022 年	2023 年
费用化研发投入 / 亿元	0.2522	0.2776
资本化研发投入 / 亿元	0.8916	1.2218
研发投入合计 / 亿元	1.1438	1.4994
研发投入总额占营业收入比例 /%	36.26	33.15
研发投入资本化的比重 /%	77.95	81.49

华中数控研发投入大量费用化是导致华中数控的当期利润非常难看的主要原因之一。那么，华中数控和科德数控的研发投入理论上来讲是更应该资本化，还是更应该费用化呢？很显然，更应该资本化，因为二者的研发投入很明显将在未来给公司带来收益。因此，假如华中数控也像科德数控一样，将大比例（80%）的研发投入费用化的话，那么华中数近几年的盈利会变成多少呢？经过研发投入资本化，我们计算得出华中数控调整后的利润达到了 2.1822 亿元，相比未经调整的 0.2709

亿元的净利润，两者相差了 7 倍多。研发投入是影响华中数控利润的主要因素。

表 9.20 华中数控研发投入 80% 比例费用化后的利润测算

	2020 年	2021 年	2022 年	2023 年
研发投入金额 / 亿元	2.513	2.584	3.458	4.152
按 20% 比例费用化的研发费用 / 亿元	0.5026	0.5168	0.7096	0.8304
原研发费用 / 亿元	2.206	2.069	2.434	3.079
原研发费用 - 按 20% 比例费用化的研发费用 / 亿元	1.7034	1.5522	1.7244	2.2486
研发投入按 20% 比例费用化，对每年业绩增加的影响（所得税按 15% 计算）/ 亿元	1.4479	1.3194	1.4657	1.9113
原归属净利润 / 亿元	0.2777	0.3123	0.1859	0.2709
新计算的净利润 / 亿元	1.7256	1.6317	1.6516	2.1822

9.5.3 对华中数控进行估值

1. 使用调整过的 2023 年利润对华中数控进行估值

以经过调整的 2023 年利润为基准对华中数控进行估值，考虑数控系统的市场空间，国产替代的巨大空间，华中数控在国产数控系统中竞争优势非常明显，"几乎"没有竞争对手（前文分析过，广州数控很难对华中数控产生真正威胁，而科德数控是机床厂商，严格来讲也不算是华中数控真正的竞争对象），因此 16 倍市盈率"肯定"是严重低估的，安全边际非常强；

30 倍市盈率也不算是特别高，仍具有一定的安全边际。至于 50 倍和 100 倍市盈率则可考虑作为"短期"（数控系统业务真正爆发之前，这个短期可能是 3 年，甚至 5 年）的目标价格考量。也即华中数控"短期"内，22.65 元 / 股以下的价格具有非常高的安全边际，42.46 元 / 股的价格具有一定的安全边际，70.77 元 / 股和 141.53 元 / 股的价格则可当作一个目标价格。

表 9.21　以调整过的 2023 年利润对华中数控进行估值

2023 年净利润 / 亿元	2.1822
总股本 / 亿股	1.987
每股净利润 / 元	1.4153
按 16 倍 PE 估算股价 /（元 / 股）	22.65
按 30 倍 PE 估算股价 /（元 / 股）	42.46
按 50 倍 PE 估算股价 /（元 / 股）	70.77
按 100 倍 PE 估算股价 /（元 / 股）	141.53

2. 以估算的未来利润对华中数控进行估值

由于华中数控的核心业务是数控系统，其他如机器人和智能产线等业务都是建立在数控系统技术基础之上的，它们能否取得成功，关键在于数控系业务能否取得成功。而且当前来讲，它们的竞争能力在市场上并不太强。因此，这里在对华中数控的未来对行估值时，我们保守地考虑，只估算数控系业务的情况（见表 9.22 至表 9.24）。

估算 3~5 年后华中数控利润的假设前提

假设 1：数控系统市场空间为 127.85 亿元不变。

假设 2：数控系统市场空间为相比 2023 年增长 30% 至 166.21 亿元。

假设 3：华中数控取得数控系统市场份额分别为 10%、15%、20%、30%、40%、50%。

假设 4：华中数控研发投入占数控系统营收的 5%，而且全部费用化。

假设 5：华中数控数控系统业务毛利率提升到 45%，因高档数控系统占比提升。

假设 6：销售、管理、财务三项费用率维持 2023 年的 18.78%。

假设 7：由于数控系统已取得商业上成功，政府补助降为 0。

假设 8：所得税率维持 15%。

假设 9：无其他一次性收入或支出。

假设 10：总股本保持不变为 1.987 亿股。

表 9.22 以数控系统市场空间为 127.85 亿元不变，各种市占率情形下华中数控利润估值

数控系统 3—5 年后市场份额占比 /%	10	15	20	30	440	50
数控系统营业收入 / 亿元	12.785	19.1775	25.57	38.355	51.14	63.925
数控系统毛利率 /%	45					

研发费用占营业收入比率 /%	5					
（销售 + 管理 + 财务）费用率 /%	18.78					
净利润率（不含所得税）/%	21.22					
净利润率（扣 15% 所得税）/%	18.037					
净利润 / 亿元	2.3060	3.4590	4.6121	6.9181	9.2241	11.5302
总股本 / 亿股	1.987					
每股净利润 / 元	1.16	1.7408	2.3211	3.4817	4.6422	5.8028

表 9.23 以数控系统市场空间为相比 2023 年增长 30% 至 166.21 亿元，各种市占率情形下华中数控利润估值

数控系统 3—5 年后市场份额占比 /%	10	15	20	30	40	50
数控系统营业收入 / 亿元	16.621	24.9315	33.242	49.863	66.484	83.105
数控系统毛利率 /%	45					
研发费用占营业收入比率 /%	5					
（销售 + 管理 + 财务）费用率 /%	18.78					

净利润率（不含所得税）/%	21.22					
净利润率（扣15%所得税）/%	18.037					
净利润/亿元	2.9979	4.4969	5.9959	8.9938	11.9917	14.9896
总股本/亿股	1.987					
每股净利润/元	1.5088	2.2632	3.0176	4.5263	6.0351	7.5438

表 9.24 华中数控股价估值矩阵

每股净利润/元	按 16 倍 PE 估算股价/（元/股）	按 30 倍 PE 估算股价/（元/股）	按 40 倍 PE 估算股价/（元/股）	按 50 倍 PE 估算股价/（元/股）
1.5088	24.14	45.26	60.352	75.44
2.2632	36.21	67.90	90.528	113.16
3.0176	48.25	90.53	120.70	150.88
4.5263	72.42	135.79	181.05	226.32
6.0351	96.56	181.05	241.40	301.76
7.5438	120.70	226.31	301.75	377.19

我们"预测"3~5 年后，华中数控取得 20%~30% 的市场份额的可能性还是不小的，也即 3~5 年后，华中数控每股利润达到 3.0176 元 / 股 ~4.5263 元 / 股的概率很高，用 16 倍市盈率计算则股价为 48.25 元 / 股 ~72.42 元 / 股，用 30 倍市盈率来测算则股价为 90.53 元 / 股 ~135.79 元 / 股。即 3~5 年后 48.25~72.42 元，华中数控将会具有很高的安全边际，90.53~135.79 元 / 股的区间也具有一定的安全边际。

从更长远的时间来看，当中国机床数控化率接近日本90% 的水平时，国内数控系统市场空间达到 200 亿元甚至更大时。当华中数控占据 50% 甚至更高的市场份时，以及随着国产数控系统和机床技术的不断进步，还将打入国际市场时，华中数控每股盈利将会达到 7.5 元甚至更高。而从竞争格局、竞争优势、产业发展历史规律等来看，这个目标的实现，也许需要的时间较长，但实现的概率是非常的大。简单来说，华中数控就是符合我们标准的优质公司。

第 10 章
股票买卖的时机

别人恐惧时我贪婪，别人贪婪时我恐惧！

——沃伦·巴菲特

10.1 什么时候买进——耐心等待买进便宜货的机会

价值投资者的目的是以低于内在价值的价格购买股票，也就是寻找便宜货（便宜货不单是指价格/估值低，更主要的是指估值不太高的前提下要求公司的质量高）。因此，价格暴跌就是价值投资者买进股票的良机。但正如彼得·L. 伯恩斯坦（Peter L. Bernstein）所言，市场不是有求必应的机器，它不会仅仅因为你需要就提供高额收益。大多数时候，好公司往往价格/估值高，价格/估值低的公司往往有各种原因（也就是本质上它的内在价值并没有被低估）。当市场上不存在被特别低估的股票时，作为价值投资者，我们的任务是持有现金、耐心地等待便宜货的出现。

10.1.1 千万不要白白浪费一次危机

1. 危机时股价最便宜

最好的买入机会出现在危机爆发时期。当投资者们不再考虑股票的价值而拼命卖出股票的时候，就是股票价格最便宜的时候。危机发生之后，卖家心惊胆战，被恐惧所左右，这恰是最佳的投资时机；如果危机造成的经济后果不为人们所了解或被高估，这个机会甚至会更好。

危机期间，人们的恐惧超出了常理，反应也超出了常理；投资者典型的反应是抛售股票，而且抛售的影响力之大也常超出了常理。因为卖家只关注近期情况而使暂时性的问题被夸大，便宜货猎手就是要寻找机会对这些问题加以利用。历史表明，危机一开始的时候，情况看上去仿佛特别糟，但是随着时间的流逝，所有的恐慌都会渐渐趋于缓和。恐慌消失之后，股票价格就会回升。

除了恐惧，出于以下原因，股票持有者一次又一次地成为强制卖家被迫卖出股票，在危机之中，这样的人才比比皆是。

（1）他们管理的基金被投资者赎回或者被撤销。

（2）投资组合里的股票不再符合相关的投资规定，例如不满足最低的信用评级或者超过了最高的仓位限制。

（3）因为资产价值下降，低于与出借方在合约中约定的金额而收到追加保证金通知。

价值投资者的真正目标是以低于价值的价格买进。有效市场假说认为做不到这一点。它的反对理由似乎很有道理：人们何必以特别低的价格卖出某种东西呢，特别是在潜在卖家都明智而理性时。一般来讲，潜在卖家会在卖个好价和尽快卖掉之间做出权衡。强制卖家的妙处在于他们别无选择。他们被用枪指着脑袋，必须不计价格卖出。如果你是交易的另一方，那么不计价格这四个字将是世界上最美妙的词汇。如果强制卖家只有一个，无数买家会蜂拥而至，交易价格只会稍有下降。但是如果是在危机之中，混乱大规模扩散，就会同时出现大量的强制卖家，而能够提供必需流动性的买家则寥寥无几。价格急跌，贷款撤回，交易对手或者客户恐慌，对大多数投资者有着同样的影响。在这种情况下，价格可能会跌得远远低于内在价值。

在危机中，关键是要做到远离被强制卖出的力量，并把自己定位为买家。为达到这一标准，必须要拥有长期的资本和顽强的意志力。在逆向投资态度和强大资产负债表的支撑下，耐心地等待机会，价值投资者便能在灾难中收获惊人的收益。

2. 在危机中买入股票很难

尽管理性告诉我们，当市场出于恐慌开始抛售的时候，要放手买入，可是真正做起来却很难。

首先，危机发生时，我们自己往往也处于亏损状态。这时，我们很可能会一门心思想着怎样使自己少受损失。显然，如果我们把这么宝贵的时间用于担心眼前的投资损失，就不会花时间去考虑自己在此时真正应该做的事情——买入而不是卖出。

其次，给大众造成压力，让他们亏损出场的心理因素也会影响我们自己。当股市所施加的强大心理压力扑面而来的时候，我们自己很可能难抵抗得住。

在我们投资赔钱的同时，我们还得忍受或应付媒体对危机事件铺天盖地的负面报道。媒体在股市上散布恐慌情绪，大众将眼睛盯在坏消息上，媒体又乐于向大众提供坏消息，这使得股票市场受到了人们过度的负面关注。

3. 如何做到危机之中买入股票而不是卖出股票

尽管我们能轻易地指出趁着全世界都在卖出时买入的各种好处，以及那种环境会产生什么结果，但真正做起来并不容易。在市场上，这是为数不多、需要极大勇气才能做到的事情之一。当大多数人毅然决然地采取与我们相反的行动之时，没有极大的勇气就无法面对这一切。当投资者面临着赔钱的危险时，人更容易缩回到大众堆里去。人们常常更容易顺势而为。为了在危机期间能够与大众保持距离，逆潮流而动，我们需要做到以下几点。

（1）平常时段保持足够多的现金储备，做好财务上的准备。足够的现金储备能使我们：一是在危机发生时遭受的损失比别人小，从而更有利于我们保持头脑清醒，做出正确的思考；二是让我们有资金买入便宜的股票。

（2）提前学习了解金融史、危机史，做精神上的准备。当危机发生时，理性思考，认真分析股票的价值及其所代表的公司，对内在价值有清晰的认识，坚持价值投资的原则，同时做好承受大幅波动的心理准备。

（3）提前准备好邓普顿所说的愿望清单。愿望清单上的股票代表着那些我们认为运作良好，但市场价格过高的公司。如果危机发生，市场大抛售导致我们愿望清单上的股票价格下跌至非常便宜的水平，就下单购买那些股票。当人人都在卖出，唯独自己一人买进的时候，我们会面临巨大的压力，提前设定购买的价格及数量，以这样的方式购买股票可以帮我们避开大的压力。

10.1.2 优质公司遭遇短期不利因素下跌

危机爆发时是整体股票市场下跌，大量便宜股出现的情形。对单只股票来说，出现低价买进的时机则是，股价大跌的原因在于公司近期遇到困难，但这种困难只是暂时性的，会有云开雾散的一天。

对于这些拥有护城河的优质公司，能够迅速从困境中跳脱出来的能力，就是投资者依照合理价位对其投资所需要的心理保障，因为只有在市场出现反常时，这些公司所拥有的非凡价值才能体现出来。如果我们能在股价下跌前分析一家公司的护城河，那么我们就可以更深刻、更清晰地认识到，公司面临的问题到底是暂时性的，还是永久性的。归根结底，经济护城河能帮助我们对所谓的"能力范围"做出定义。如果能把投资范围限定在我们自己熟悉的领域，而不是广种薄收，那么大多数投资者也能够取得相当不错的业绩。既然不能成为触类旁通的博学家，那么，为什么不钻研具备优势竞争力的公司呢？

巴菲特："巨大的投资机会来自优秀的公司被不寻常的环境所困，这时会导致这些公司的股票被错误地低估，在通常情况下，巨大的投资机会在一家了不起的公司解决了所有遭遇的大问题后出现，如果一家优秀的公司被一些特殊因素困扰，从而导致股价被低估，这就是最佳的投资机会！"

巴菲特说的是绝佳的投资机会，这样的机会抓到一次，可能就是几十倍甚至上百倍的收益。但想要抓住这样的机会，难度同样不小，因为你得有能力判断出这家优质的公司真的能克服它所遭遇的重大困难，真的能浴火重生；否则，损失可能也是巨大的，甚至将投资资金直接亏完。

当然这里也有一个程度问题，可能遭遇的问题最严重最难判断时，优质公司股价的跌幅会最大，相应地，克服困难成功后的涨幅也是最大的。困难弱化一些，能够克服困难成功的概率更高一些，那么公司的跌幅相比前一种情况来说也要小很多，成功后上涨的幅度也会更小。最容易判断的最弱的情形可能是，公司主业经营并没有问题，但因某些意外的暂时性的因素，使得公司并不是占最核心地位的业务板块经营遭遇了暂时性的困难，使得公司盈利状况短期遭受到了一定的影响。这种情况根本不会损害公司的长期盈利能力，即公司的长期价值。但有些时候，市场也会对此做出明显过激的反应，使得股价跟随下跌的盈利数据大幅调整，从而给出较好的买进机会。

10.2 什么时候卖出

10.2.1 价值投资不等同于长期投资

价值投资主要有两种方法：一是以低于内在价值的价格买进质量一般的公司，投资者一直持有股票直到市场认识到它的价值为止，用这种方法投资时，最好的情形是股票价格能尽早回归价值，以便投资者获利出局，越早达到目标，收益率越高，风险也越小（公司内在价值下降的风险越小）。二是以合理的价格买进优秀的公司，优秀的公司能比普通公司更快地实现内在价值的复合式增长，投资者长期持有优秀的公司股票以分享公司的成长获得长期复合的高收益。在这种情形下投资者不会，看到股票价格稍高于当前估算的内在价值就将股票卖出，因为能够长期实现高速增长的优质公司并不是很多。但是正所谓高质量不过是可以支撑相对而言更高价格的一种说法。当价格足够高时，再优秀的公司，估值过高时也没有安全边际了，这时也应该卖出，以便换股或等待其重新下跌到接近安全边际后再次买入的机会，尤其是对小资金而言。更何况，公司的状况并不是一成不变的，强大的护城河也可能变窄甚至消失。

因此，尽管价值投资者的每一笔投资在最开始进场时都做好了长期持有的准备，耐心地等待市场价格向价值回归。但价值投资的重点不在于是否长期持有（对于能够长期增长的卓越公司，价格也许会一直低于其未来价值，这样的公司必须长期持有），而在于估计的内在价值有多少，再以低价格买入高价值。只要以低价格买入高价值的资产，便可从容地等待市场反映其价值时高价卖出，从而获得丰厚利润。

此外，如果价值投资者发现自己犯了错误，对股票的估价过高，或者市场环境发生了变化，公司的价值遭受了严重的损失，使得当前的价格不再低于估计的内在价值，那么价值投资者会立马卖出昨天还坚定持有的股票，即使这意味着亏损。同时，价值投资者会不断地拿潜在的新投资机会与自己当前持有的投资进行比较，以确保他们眼下可获得的低估程度最大的投资机会。当新机会出现时，投资者永远也不应对重新审视当前持有的股票而感到害怕，即使这可能意味着对现在持有的股票进行止损。换句话说，当出现更好的投资机会时，没有一项投资应当被看作神圣不可侵犯。

10.2.2 卖出的准则

投资组合构建完成之后，应该定期（例如年报、季报等财报发布之后）或不定期（例如公司有重大事项发生、股票价格大涨或大跌之后等）核查公司的发展情况，根据情况的变化相应地增加或减少投资组合中的股票。把一种股票换成另一种股票，或者换成现金。

一些投资者总是习惯性地卖出"赢家"——股价上涨的股票，却死死抱住"输家"——股票下跌的股票，这种投资策略如同拔掉鲜花却浇灌野草一样愚蠢透顶；另一些人则相反，他们把"截断亏损,让利润奔跑"奉为至理名言,卖出"输家"——

股价下跌的股票，却死抱"赢家"——股价上涨的股票，这种策略也高明不了多少。这两种策略都失败的原因在于，二者都把当前股票价格变化看作公司基本价值变化的指示器。正如我们看到的，当前的股票价格变化根本没有告诉我们关于一家公司发展前景变化的任何信息，并且有时股价变化与基本面变化的方向完全相反。在价值投资者看来，真正应该实行的投资策略是根据股票价格相对于公司基本面的变化情况来决定买入和卖出以调整投资组合中不同股票的资金分配。

因此，总结卖出规则如下。

1. 我是否犯了错误

抛出股票的第一个原因就是我们已经犯了错误。假如我们在最开始分析公司的时候就漏掉了某些重要事情——无论是什么，最初确定的投资主题都是站不住脚的。或许我们曾认为管理层会悬崖勒马，卖掉赔钱的业务，但是公司执迷不悟，继续在这上面搭钱；可能我们认为公司拥有很强的竞争实力，但竞争者在蚕食它们的午餐；或许仅仅是因为高估了新产品的成功。不管犯了什么错误，只要最初买进股票的理由不在，就没有必要继续持有了。

2. 抛出股票直至能睡个安稳觉

当某只股票仓位过重时，将其减仓至心安的水平。

3. 公司的主营业务是否已经出现恶化

与公司遭遇短期不利因素下跌是买入时机的情形不同的是，这里是公司主业遇到比较大的麻烦或主业前景不好，而股价相对而言下跌的幅度还不大。如果股价已经暴跌，则需仔细评估，价格的暴跌是否已充分兑现不利因素。

4. 资金是否还有更好的去处

作为投资者，我们自然希望能让有限的投资得到最大的回报，因此，卖出一个稍微被低估的股票，去抓住千载难逢的时机，绝对合情合理。我们不会在升值潜力差别不大的股票之间频繁换手，但是，如果绝好的机会一旦来临，就一定不能错过。抛出手中低估的哪怕甚至还处于亏损状态的股票去抓住新的机会，是绝对值得也应该做的事情。

5. 股票上涨已经不再低估甚至高估股票本身的价值。

达成目标。

6. 分批卖出

宁要模糊的正确，不要精确的错误。

第 11 章
构建投资组合的原则

现金！现金！现金！

11.1 绝不使用杠杆

11.1.1 杠杆与价值投资的理念相违背

价值投资者不应该使用杠杆，因为它与价值投资的理念相违背。

1. 择时方法与估价方法

在《聪明的投资者》一书中，格雷厄姆定义了两种从股票价格大幅波动中获利的方法，即择时方法和估价方法。

择时方法，是指努力去预知股市的行为——认为未来走势是上升时，购买或持有股票；认为未来走势是下降时，出售或停止购买股票。

估价方法，是指尽力做到在股票报价低于其公允价值时买入，高于其公允价值时卖出。

格雷厄姆认为，如果投资者以预测为基础强调择时交易，那么他最终将成为一个投机者，并面对投机所带来的财务后果。

价值投资者采用估价的方法。他们以安全边际作为武器，利用"市场先生"反复无常的报价，在市场低估时买进，高估时卖出。如果市场在他们买进之后，并没有立即上涨，反而下跌，他们会继续加仓，因为低估的程度变大了，安全边际变得更高了。即使在他们最后一次加仓完成之后，继续下跌，他们也不会心慌，他们会重新（持续）评估他们所购买的股票的内在价值，如果他们的结论是，公司并没有发生变化，内在价值稳定，他们就会耐心地持有，等待价格向价值回归，因为他们没有使用杠杆，没有人能逼迫他们卖出他们继续看好的股票。

但是，一旦他们使用了杠杆，情形就变得大不一样，"市场先生"来报价时不再是以前慈祥和蔼的模样，而是凶神恶煞，手中拿着大砍刀；这时约翰·梅纳德·凯恩斯（John Maynard Keynes）的名言"市场保持非理性的时间比你维持不破产的时间要长"就要发挥作用；如果不能及时补充保证金，大刀就会把他们的仓位砍下来。成为成功投资者的秘诀就是当他们想卖出的时候卖出，而不是当他们不得不卖出的时候卖出。事实上，当他们使用杠杆后，他们把主动权从自己手中交还给了市场；或者是说他们选择从使用估价方法的价值投资者变成了使用择时方法的投机者。

2. 时间变成了敌人

以巴菲特为代表的现代价值投资者大都采用了双重安全边际，不仅要求购买股票的价格合适（便宜），还强调公司的质量——在护城河（竞争优势）的保护下内在价值持续稳定地增长。在复利机器的作用下，哪怕是并不特别高的增长，长时间后也能取得非常高的收益。在这里，时间是价值投资者的朋友。

但是，采用了杠杆，借入资本买进股票之后，时间就从朋友变成了敌人，因为每天都要付出较高的融资成本。

第 11 章 构建投资组合的原则

11.1.2 被"踢下牌桌"的"超级最聪明人"——巴菲特和芒格的搭档为什么消失了

巴菲特说："如果你很聪明，你不需要用杠杆；如果你不聪明，你不应该用杠杆！"巴菲特说的聪明人可能指的就是里克·盖林（Rick Guerin）——巴菲特和芒格组合中消失的搭档。

1. 里克·盖林是一个超级聪明人

里克·盖林 1929 年出生于洛杉矶，曾在军队担任密码破译员、战斗机飞行员，退伍后进入大学，又加入 IBM 工作。芒格曾公开评价称，里克·盖林是一个非常幽默、聪明的人，他曾参加海军的一场智力测试，结果他提前离场，还拿到了前所未有的高分。

从 1965 年到 1983 年，与标准普尔指数 316.4% 的收益相比，里克·盖林 19 年的收益翻了 222 倍，费前年化收益率为32.9%，费后年化收益率为 23.6%。这个业绩记录足够长期、足够强悍。

里克·盖林的投资案例是投资史上的典范：蓝筹印花公司（Blue Chip Stamps）、喜诗糖果（See's Candies）、《每日日报》（Daily Journal）。盖林第一个发现了蓝筹印花公司的投资机会。他先是找了芒格商议，芒格想了想说："我带你去见我的朋友，他对浮存金很了解。"那个朋友就是巴菲特。

之后，三人组顺利地控制了蓝筹印花公司，巴菲特是第一大股东，芒格是第二大股东，盖林位居第三，他们三人依次获得了蓝筹印花公司的董事席位——首先是芒格，其次是盖林，最后巴菲特。从此，三人开启了浮存金投资的时期，投资项目包括喜诗糖果、韦斯科金融公司（Wesco Financial

Corporation）、《布法罗新新闻》（*Buffalo Evening News*）。其中，最被人津津乐道的公司就是喜诗糖果，巴菲特、芒格和盖林三人一同参与收购谈判，一同面试了新任的喜诗糖果 CEO 查克·哈金斯（Chuck Huggins）。喜诗糖果当时的 CEO 回忆称："虽然蓝筹公司是我们名义上的老板，但真正的老板显然是沃伦、查理和里克。"

2. 盖林为什么忽然"消失"了

里克·盖林，这么一位超级聪明、有超级业绩记录、有经典投资案例的投资者，为什么忽然在投资史上沉寂下去了呢？

进入 20 世纪 80 年代后，里克·盖林就再也没有跟巴菲特、芒格的新合作案例，各种关于顶尖投资者的采访和文章都罕见他的名字。当年的三人组只剩下二人，发生了什么？

这本来是一个无解的问题，因为消失的人很难被人注意到。

2008 年，留意到了里克·盖林消失的印度裔价值投资者莫尼什·帕伯莱（Mohnish Pabrai）和海蓝宝石基金（Aquamarine Fund）创始人盖伊（Guy）联手拍下巴菲特的午餐，在见到巴菲特后他，他抛出了这个问题："里可·盖林怎么了？"巴菲特告诉帕伯莱和盖伊，里克·盖林用保证金贷款来撬动他的投资，因为他"急于致富"。据巴菲特说，在 1973—1974 年的崩盘中遭受灾难性的损失后，里克·盖林遭到了保证金追缴。结果，他被迫出售后来价值巨大的股票（给巴菲特）。这一批被迫卖给巴菲特的股票就是伯克希尔·哈撒韦（Berkshire Hathaway Corporation）公司的，出售价格为每股 40 美元——考虑到 BRK 现在的股价，这确实是一个巨大的损失。相比之下，巴菲特说，他和芒格从不着急，因为他们总是知道，如果他们在几十年内不断复利，不犯太多灾难性的错误，他们就会变得非常富有。巴菲特说："如果你是一个稍微高于平均水平的投资者，花钱比挣钱少，在一生中，你不可能不变得非常富有。"帕伯莱说，这个关于杠杆和不耐烦（impatience）的危险道德故事已经"烙印"在他的大脑中。仅凭这点，巴菲特的午餐就是值得的。

这个故事非常生动地讲述了耐心的重要、杠杆的危害，以及完美地反驳了一个广为流传的认知误区——杠杆很危险，但高手除外。不，高手也没法例外。

当然，里克·盖林的投资业绩在 20 世纪 70 年代后期是有恢复的，他后来又赚到了非常多的钱，整体业绩算下来仍然非常厉害，只是他被迫出售的伯克希尔·哈撒韦公司的股票，已经落到巴菲特手里了，他也失去了成为伯克希尔·哈撒韦公司第三人的机会。但他前期的失败能够证明——杠杆很危险，高手也不例外。后期的成功却不能证明普通大众还是应该用杠杆，因为没他聪明。

11.2 永远保留现金

天有不测风云，我们永远无法知道明天会发生什么事情，永远保留一部分现金可以为投资者提供心理支持，避免因过度焦虑而做出错误的决策，让我们更好地应对投资中出现的各种情形。

第一，持有一部分现金可以让我们更好地应对市场可能出现的暴跌。市场经常受到宏观经济、政策、公司基本面等多种因素的影响，这些因素可能导致市场波动，甚至出现大幅下跌，尤其是各种危机爆发时，下跌幅度可能超出想象。保留一部分现金储备可以帮助我们应对这些不确定性，避免在市场出现不利情况时被迫割肉离场。

第二，持有一部分现金可以让我们更好地把握投资机会，尤其是危机中有能力抄底。市场下跌后可能会涌现出新的投资机会。保留一部分现金可以用来把握这些机会，低价买入优质股票，增加投资组合的收益。尤其是危机爆发之后，便宜货到处都是。

当然，保持适当的现金头寸也是有好处的。手头持有一部分现金能让你抓住可能出现的机会，让你不必卖掉其他资产来筹集资金。

第三，市场有时会出现过高估值的时候——比如互联网泡沫高峰时——此时你不可能找到质量及价位都合适的公司股票来构建投资组合。在这样的情况下，我们宁愿持有现金，以等待更好的投资机会降临。

11.3 在能力圈内分散投资

巴菲特："如果是职业投资者，如果对自己有信心，我建议高度集中。对于其他普通人，如果不懂投资，我建议高度分散。"

11.3.1 过于分散化不利于职业投资者控制投资组合的风险

凯恩斯说："从安全第一的角度出发，有些人认为持有一大堆不掌握信息的公司要比大量投注一家掌握足够信息的公司更好。这在我的投资理念中，就是个笑话。"

风险来源于未知，投资过于分散化不仅不能帮助价值投资者控制其所面临的真正风险,还会加大了风险发生的可能性。

　　训练有素的价值投资者对于股票可能出现的风险是有自己的判断的。他们判断的主要依据是价值的稳定性和可靠性，以及价格与价值之间的关系。造成股票永久性损失的风险主要有三种：买进价格过高的风险、公司利润下降的风险及破产的风险。第一种风险主要跟投资者自身有关（购买股票的价格有关），第二种及第三种风险主要是由所购买的公司本身造成的。然而无论是哪一种风险，知之较少都是其危险的主要来源。

　　研究一家公司所需花费的时间和精力是非常多的，技术门槛高的行业更是如此，要研究行业空间、研究竞争格局、研究商业模式和竞争优势等方方面面。初始研究之后还需要进行持续的跟踪研究，根据新的信息和数据以便随时对前面的研究进行校准。随着投资者投资股票的种类增多，需要分析和调研的公司数量也相应增多。当超过一定的数量（而且这个数字并不会太高）后，投资者“必定”没有足够的时间和精力去研究。换句话说，每个人的时间、精力和能力都是有限的，随着所投资股票数量的增加，超出能力圈边界几乎是必定会发生的事情。到一定程度后，投资者对公司所应当掌握却没有掌握的信息会越来越多，而对任何行业，知之过少都是危险的主要来源之一，投资行业更是如此。尤其是价值投资者，当投资者对一家公司掌握的信息过少的，他就不可能对其内在价值做出相对准确的估计，如果连对公司内在价值做一个相对靠谱的估值都没有的话，他如何确定价格相对其内在价值是低估了还是高估了，有没有机会，风险有多大，上行空间有多大，风险收益比如何，当前股票价格所体现出来的特征是高收益低风险，还是低收益高风险，到底值不值得投资？当投资者对一家公司的信息掌握过少时，他也根本无从判断公司面临的盈利下降的风险和破产的风险程度如何，是在上升还是在下降。行业空间是不是在打开，竞争格局有没有变化，竞争是变得更加激烈了，还是开始缓和了？盈利下降是暂时性的，还是永久性的？公司当前遇到的困难是短暂的很快就可以解决的，还是面临一个长期的麻烦？公司有没有可能困境反转浴火重生，还是根本看不到希望，破产的可能性更大？公司盈利下降和股票的价格的下降，对于投资者来说，到底是机会还是陷阱？

随着投资数量的增加，投资者也很可能违背自己的投资原则。将一些不具备投资价值的股票纳入自己的投资组合里。有时，甚至还会把那些风险很高的股票，当作有价值的股票大量买入，从而引起不必要的损失。即使投资者一开始在构造投资组合时是正确的，但在进一步持有期间效率也会逐渐降低。因为投资者很难持续地跟踪数量众多的上市公司的最新发展动态及研究所投资的公司是否存在风险聚集，于是就很难决定是否需要抛售或者增持某公司的投资比例。

如果一个投资者，完全没有时间和精力应付这些繁重的数据和任务，投资过于分散是不可能在股市上获得持久稳定的收益的。

第一大风险是买入估值过高的股票的风险。在整个市场处于周期的顶部时，哪怕是买入分散化程度最高的指数基金，也对降低风险毫无帮助。

第二大风险是买入了公司发展不好甚至很垃圾的股票。过于分散化反而导致对任何一只股票都没有精力去了解得很深。

11.3.2 过于分散化会降低投资组合的预期收益

真正绝好的机会并不多，拿到好牌时尽量多赢。

第 11 章 构建投资组合的原则

芒格说伯克希尔去掉最成功的十笔投资就是一个笑话。巴菲特在商学院演讲时告诉那些学生，如果他们毕业时有人给他们一张打了 20 个孔的卡，代表他们一生中只有 20 次投资机会，每当他们做出一项投资决策，孔就会少一个，这样他们会更加珍惜每一个投资机会，并努力做出正确的投资决策，他们也会因此而变得更加富裕。巴菲特说，在确定潜在目标非常值得时，一定要尽可能多地投资。当我真的想进行某项投资时，我通常会把我所有的财产都投入其中，这样做你可以获得很好的收益，这些理念已经得到过长时间的考验。以投资规模和我们花费的精力作为标准，过去 40 年我们重仓投资和另一些较小投资的收益差别非常之大。我们所做的大笔投资获得了更好的收益，这也就是为什么你们的卡片上应该只有 20 个孔。投资者应该只去做那些你认为值得投入大量金钱的事情，如果你不想投入很大，它就不是一个好项目，那么就不要去做。如果我不打算投入我全部财产的 10%，就不会投入哪怕一分钱。因为如果我连 10% 都不愿投入，就说明那不是一个好项目。

11.3.3 能力圈内尽可能分散

一家公司的股票价格取决于投资者当前对该公司在未来产生现金流的预期。然而，尽管我们已经尽了最大的努力进行研究分析，但未来本质上是不可预测的。选择持股的公司有可能会遭受事先根本预料不到的严重打击。投资必须应对不可知的未来，所以风险是必然的，当把所有的资金都押在一只股票上是不安全的，"绝对"是行不通的。

但是就像我们绝不应该把所有鸡蛋都放在一个篮子里一样，为每一个鸡蛋都配一个篮子也绝不是什么好主意。人的能力都是有限的，一个人不可能所有的行业都懂，而且找到合适的篮子并看好它们所花的时间精力成本也是不可以忽略的。当我们精挑细选时，我们也许能找到一个质量很好的篮子，结实、耐用、没有隐藏起来的小洞；并且我们也能很轻松地看好这个篮子，随时监控有没有出现新的问题，有没有哪里断裂，有没有哪里正在被老鼠啃咬。我们花费较多的时间和精力，也许能找到三五个质量都不错的篮子，并且同时照看好这几个篮子也是可以做得到的事情。但是当我们想找到 100 个篮子时，送到我们手中的篮子可能绝大部分都是破了洞的，并且我们也根本不可能看顾得过来，根本无法同时监测这些篮子正在遭遇什么变化。

因此，股票投资的关键并非确定一个持股的合理数量，而是逐一调查研究确定每一只股票的质量，并持续对其进行跟踪监控。投资者应该尽可能多地持有符合以下条件的股票：对这家公司有着特别深入的了解并发现其具有令人兴奋的远大发展前景。通过认真研究，结果发现，符合这些条件的股票也许只有两三只，也许有十来只，股票数量的多少无关紧要，关键是质量高低。只是为了投资组合多元化而分散投资于一些并不了解的公司股票是毫无益处的。在自己熟悉的范围内集中投资，比在不懂的股票上分散风险更小。

尽管应该集中投资，但是，我们主张股票投资也要适度分散化，标准就是在能力圈内。适当的分散投资也许会带来以下好处。

（1）如果你寻找的是 10 倍股，那么你持有的股票越多，在这些股票中出现一只 10 倍股的可能性就越大。在几只发展前景都良好的快速增长型公司中,到底哪一个公司发展得最好,股票增长最快,往往出乎我们的意料。

（2）持有的股票越多,我们在不同的股票之间调整资金配置的弹性就越大,这也是投资策略的一个重要组成部分。

因此,投资要集中在自己的能力圈范围之内,在能力圈内则尽可能分散。当然,最后一点,要努力扩大自己的能力圈。

结束语

关于择时

霍华德·马克斯在他的著作《周期》中总结道，投资成功有三对要素，分别是周期定位和资产选择、激进和保守以及技能和运气。其中，第一对要素周期定位和资产选择是投资组合管理的两个主要工具，投资者所做的每一件事都可以被归纳到其中一个或另一个要素之中。

周期定位：根据你对主要周期定位的分析，判断周期目前所在的位置及未来的趋势，决定你对投资组合的风险定位——更多地承受买入而出错的风险，还是更多地承受不买而错过的风险，或者是在二者之间保持平衡。

资产选择：决定要配置哪些市场、具体的证券或资产，以及是要重仓配置还是轻仓配置。

本书的题目是《选股与风控——基金经理解密股票投资体系》，核心内容是从风险控制的角度出发去选择股票。但成功的投资不仅在于要买好的（优质股票），也在于要买得好（价格低），也就是说不仅要选股（资产选择）选得好，还要择时择得好（这里择时是指周期定位，与格雷厄姆定义的择时方法中的择时不是一个概念）。

价值投资者的择时是怎么择的呢？与其他类型的投资者不一样，价值投资者判断进场或者出场时机，最主要的依据就是股票价格与其内在价值的比较。当股票价格低于其内在价值时就是价值投资者进场的时机，随着低估程度的加深，加仓的时机就到来了；同样的道理适用于卖出。

但比较价格与价值的关系，并不是价值投资者择时的唯一标准或方法，霍华德·马克斯写道，要想对周期进行定位，我们主要依赖两种形式的评估。

1. 完全定量的分析评估

评估市场价格的估值水平，在历史上处于什么水平，有没有偏离历史的正常区间，如果有，是偏高还是偏低？或处于哪个极值区间？

2. 基本定性的分析评估：评估我们周围正在发生的事情，特别是投资者的行为

也就是说，在择时上，除了依据估值分析外，我们还可以，或者说必须要，与市场大众保持距离。我们必须努力想明白周围发生的事情的含义，当其他人，充满自信地激进买入时，我们应该高度谨慎。当其他人都吓得一动也不敢动，或者恐慌性地割肉卖出时，我们应该变得更加激进。

为了看清我们周围正在发生的事，特别是投资者的行为，也即界定出市场的氛围。霍华德·马克斯做了一份市场评估指南，他要求我们："对每一组特点，勾选出认为最能描述市场两端的词，如果我们发现和他一样，打钩的项目大多数都在左边一栏，那么要赶紧捂紧我们的钱包。"

市场评估指南

	积极的	消极的
经济现状	生机勃勃	停滞不前
经济展望	正面有利	负面不利
贷款机构	急于放贷	缄默谨慎

	积极的	消极的
资本市场	宽松	紧缩
资本供给	充足	短缺
融资条款	宽松	严格
利率水平	低	高
利差水平	窄	宽
投资人	乐观、自信、渴望买进	悲观、忧虑、无心买进
资产持有人	乐于持有	急于卖出离场
卖家	稀少	众多
市场	人群拥挤	乏人问津
基金	申购门槛高、每天都发新基金、基金管理人说了算	向所有人开放申购、只有最好的基金才能募资、基金投资人有话语权
近期业绩表现	强劲	萎靡
资产价格	高	低
预期收益	低	高
风险	高	低
流行风格	激进、四处投资	审慎且自律、精挑细选
正确风格	审慎且自律、精挑细选	激进、四处投资
易犯错误	买进太多、高价追涨、承受太多风险	买进太少、离开市场、承受太少风险

所以，当我们想要行动时，我们必须要看看周围，问问自己：投资人是乐观，还是悲观？媒体名嘴认为：现在的市场，投资人应该加仓买入，还是应该避开？新型的投资方案很容易被市场接受，还是被拒绝？证券发行和基金放开申购，被视为发财的机会，还是亏钱的陷阱？信贷周期现在的阶段是资本更容易获得，还是资本更难得到？市盈率参照历史水平来看，是

过高，还是过低？信用利差是收窄，还是加大？所有这些因素都很重要，但是它们都不需要预测。我们可以做出非常优秀的投资决策，只需仔细观察现在的情况，并以此为基础去做决策，而并不需要猜测未来会如何。

　　重要的是，在观察这些非量化现象的时候，我们也有可能做到有条不紊，就像我们做估值分析时一样。

参考文献

［1］安德烈·科斯托拉尼.大投机家 [M].何宁，译.海口：海南出版社，2006.

［2］伯纳德·巴鲁克.在股市大崩溃前抛出的人：巴鲁克自传 [M].张伟，译.北京：机械工业出版社，2008.

［3］本杰明·格雷厄姆.聪明的投资者 [M].4 版.王中华，黄一义，译.北京：人民邮电出版社，2016.

［4］布鲁斯·C.N.格林沃尔德，贾德·卡恩，保罗·D.索金，迈克尔·范·拜玛.价值投资：从格雷厄姆到巴菲特的头号投资法则 [M].草沐，译.北京：中国人民大学出版社，2020.

［5］布鲁斯·格林沃尔德，贾德·卡恩.竞争优势：透视企业护城河 [M].林安霁，樊帅，译.北京：机械工业出版社，2021.

［6］菲利普·A.费舍.怎样选择成长股 [M].吕可嘉，译.北京：地震出版社，2017.

［7］霍华德·马克斯.投资最重要的事 [M].李莉，石继志，译.北京：中信出版集团股份有限公司，2019.

［8］霍华德·马克斯.周期 [M].刘建位，译.北京：中信出版社，2019.

［9］杰里米·J.西格尔.投资者的未来 [M].李月平，译.北

京：机械工业出版社，2018.

[10] 劳伦·C.邓普顿，斯科特·菲利普斯.逆向投资：邓普顿的长赢投资法 [M].杨晓红，译.北京：中信出版社，2022.

[11] 迈克尔·波特.竞争优势 [M].陈丽芳，译.北京：中信出版社，2014.

[12] 帕特·多尔西.巴菲特的护城河 [M].刘寅龙，译.广州：广东经济出版社，2016.

[13] 帕特·多尔西.股市真规则 [M].司福连，刘静，译.北京：中信出版社，2006.

[14] 希瑟·布里林特，伊丽莎白·柯林斯.投资的护城河：晨星公司解密巴菲特股市投资法则 [M].汤光华，张坚柯，罗维，译.北京：人民邮电出版社，2016.

[15] 詹姆斯·蒙蒂尔.价值投资的十项核心原则 [M].金朗，译.北京：中国青年出版社，2020.

附录

"张涛—唐静"风险控制选股法
（如何找到十倍股）

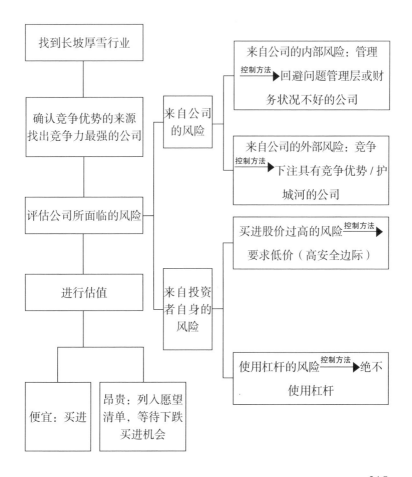